Functions of bookkeeping and accounting system

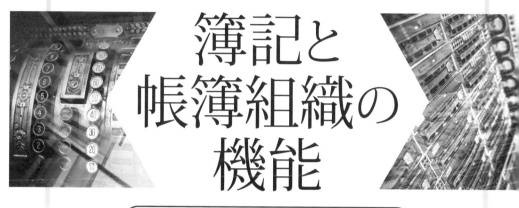

簿記と帳簿組織の機能

歴史的・国際的視点から

原 俊雄 [編著]
Hara Toshio

中央経済社

◆執筆者紹介 (執筆順)

原	俊雄	(横浜国立大学大学院教授)	序章, 第2章, 第5章
白木	俊彦	(南山大学教授)	第1章
金子	善行	(帝京大学講師)	第3章
松下	真也	(松山大学准教授)	第4章
西舘	司	(愛知学院大学准教授)	第6章
渡邉	雅雄	(明治大学専門職大学院教授)	第7章
橋本	武久	(京都産業大学教授)	第8章
新田	忠誓	(一橋大学名誉教授)	第9章, 第10章, 第11章
坂上	学	(法政大学教授)	第12章
畑中	孝介	(税理士)	第13章

は じ め に

　本書は，日本簿記学会の平成27・28年度の簿記理論研究部会の研究テーマであった『帳簿組織の研究』の最終報告書をベースに，その後の研究成果も加え，ブラッシュアップしたものである。

　簿記は「帳簿記入」の略語ともいわれるように，帳簿なしには存在しえない。日本の簿記学，帳簿組織論の大家，沼田は「簿記学の最終の帰着点は帳簿組織の研究にある」として，『帳簿組織』という大著を上梓した。しかしながら，昨今，簿記の研究対象として取り上げられているのは，多くの場合「仕訳」であり，直接対象となる帳簿は仕訳帳である。仕訳帳が総勘定元帳の準備記録であるという見地からすると，財務諸表と直結する総勘定元帳上の処理が簿記の主たる研究対象となっている。

　また，大学における簿記教育にも大きな影響を与えている検定試験では，現在の会計実務ではあまり用いられていないとの理由から，近年，特殊仕訳帳が出題範囲から除外された。そこでは，補助簿をこれまでと同様に重視するとはされているものの，かつて"old-fashioned trio"とも呼ばれた三帳簿制の延長線上にある単一仕訳帳制へと逆行することとなり，帳簿組織の地位の低下は否めない。

　財務会計入門として簿記を取り上げるのであれば，決算を重視した複式記入だけの説明でも問題はない。しかし，帳簿の本来の機能は，組織の営利・非営利を問わず，あらゆる会計に共通の機能である記録による管理，会計管理にあり，これを実際に担っているのは，補助簿を含む帳簿組織全体である。

　帳簿組織を対象とした代表的な研究としては，沼田嘉穂『帳簿組織』(1968) の他にも，日本簿記学会簿記実務研究部会『会計帳簿の現代的意義と課題』(2008) が挙げられる。前者は当時のアメリカにおける会計システムに関する文献を手がかりに，帳簿組織の理論と実務を詳細に論じたものであり，後者は会計データの電子化を中心として，実務上の諸課題を考察したものである。

　しかし，沼田以降，コンピュータ会計システム，ICTの発展など，帳簿を取り巻く環境は大きく変化しているにもかかわらず，諸外国のテキスト等も手

がかりとして帳簿組織を論じた研究はほとんど見られない。簿記実務研究部会の報告も，実務研究という性格上，コンピュータ会計システムを前提とした実務上の会計帳簿の意義，諸課題を検討したものであり，簿記の理論と教育に必要な可視化された帳簿組織を検討したものではなかった。また，業種や規模に多様性のある実務そのものを対象とした研究では，グッド・プラクティスとして紹介することはできても，普遍性，汎用性の面でやや問題があるように思われる。

本書では，実務そのものを対象とするのではなく，これまでのわが国における帳簿組織に関する議論を整理するとともに，これまで看過されてきた諸外国の帳簿，帳簿組織に関する情報を収集，検討することを通じて，ICT化の進展が見られる現代において，時代を超えても変わらないものと，時代とともに変える必要のあるもの，すなわち帳簿組織における不易と流行を検討したものである。

近年，AI，ブロックチェーン等の最新技術を活用するFinTechの進展により，記帳代行が一般的であった中小企業においてもクラウド会計の導入が進み，単なる記帳の省力化にとどまらず，リアルタイムな会計データの活用によって，簿記本来の役割である会計管理機能を遂行することが可能になってきている。そこで本書では，この分野に精通している税理士の畑中孝介先生にも加わってもらい，クラウド会計の現状についてご執筆いただいた。

どのような時代にあっても，企業の経営にとっていかなる会計データが必要なのか，それを可視化するのが帳簿組織の研究である。本書が今後の簿記学研究の礎になれば幸いである。

本書誕生のきっかけは，日本簿記学会顧問の新田忠誓先生から，簿記理論研究部会長として帳簿組織を研究するようすすめていただいたことにある。新田先生には研究部会委員としてもご参加いただいた。新田先生をはじめ，平成27年の簿記理論研究部会以来，共同研究を行い，分担執筆いただいた先生方に深く御礼申し上げます。

末筆ながら，本書の出版を引き受けてくださった株式会社中央経済社の山本継社長と担当の田邉一正氏にも心より御礼申し上げます。

2019年2月

原　俊雄

目　次

序　章　帳簿と帳簿組織 ―――――――――――――― 1
　　1　帳簿組織の意義　*1*
　　2　本書の構成　*5*

■第Ⅰ部
帳簿組織の過去

第1章　『帳合之法』にみる帳簿組織 ――――――――― 8
　　1　はじめに　*8*
　　2　略式第一・第二式の帳簿組織　*10*
　　3　略式第三・第四式の帳簿組織　*15*
　　4　本式第一・第二式の帳簿組織　*22*
　　5　おわりに　*31*

第2章　沼田簿記における帳簿組織 ――――――――― 34
　　1　はじめに　*34*
　　2　帳簿と帳簿組織　*35*
　　3　沼田簿記の特徴　*38*
　　4　おわりに　*41*

第3章　井上簿記における帳簿組織 ――――――――― 44
　　1　はじめに　*44*
　　2　簿記の意義，職能および目的　*45*
　　3　帳簿の改良　*47*
　　4　井上簿記における帳簿組織　*53*
　　5　簿記学的意義　*54*
　　6　おわりに　*56*

■第Ⅱ部
帳簿組織の現在

第4章 アメリカの大学教育における帳簿組織 ——— 60
—The University of Portland の事例に依拠して—
1 はじめに　*60*
2 Phillips et al.（2013）における簿記一巡の手続　*61*
3 Phillips et al.（2013）に示される簿記一巡の手続の特徴　*71*
4 Phillips et al.（2013）における帳簿組織の検討　*74*
5 Phillips et al.（2013）における簿記の目的観と帳簿組織　*76*

第5章 イギリスの大学教育における帳簿組織 ——— 79
1 はじめに　*79*
2 簿記会計の総論　*80*
3 帳簿組織の特徴　*83*
4 おわりに　*86*

第6章 ドイツの大学における簿記教育の現状 ——— 90
—FAUの事例—
1 はじめに　*90*
2 カリキュラムにおける簿記の位置づけ　*90*
3 FAUで使用されている教科書の特徴　*92*
4 おわりに　*100*
補論　その他の教科書における帳簿組織の位置づけ　*101*

第7章 フランスにおける帳簿組織とコンピュータ環境における展開　*106*
1 はじめに　*106*
2 フランスにおける帳簿組織　*107*
3 勘定計画　*108*
4 コンピュータ環境における会計帳簿　*111*

  5 おわりに *116*

第8章 オランダ簿記における帳簿組織 ——— *119*
  ―2つの高等教育に寄せて―

  1 はじめに *119*

  2 オランダにおける簿記および会計の展開過程 *119*

  3 近世から近代オランダの簿記実務と簿記書における
    帳簿組織 *123*

  4 現代オランダにおける高等教育と簿記・会計 *126*

  5 おわりに *130*

■第Ⅲ部
帳簿組織の将来

第9章 帳簿組織と簿記（帳簿）の目的 ——— *136*
  ―日記帳（取引記入）簿記；財務諸表作成簿記；
   個別管理簿記―

  1 はじめに *136*

  2 当座勘定と当座預金勘定 *138*
    ―日記帳簿記について―

  3 日記帳簿記と財表簿記の齟齬 *141*
    ―リース取引の把握―

  4 財表簿記と管理簿記 *142*
    ―統制勘定による照合の限界―

  5 おわりに *143*

第10章 資産負債アプローチと簿記 ——— *145*
  ―収益認識基準（発送基準から検収基準へ）の変更
   に寄せて―

  1 はじめに *145*

2　商品在高帳の記入と役割　*146*
　　　3　検収基準による帳簿組織　*147*
　　　4　おわりに　*155*

第11章　管理簿記の展開 ―――――――――――――― *158*
― 手形取引の把握に寄せて ―
　　　1　はじめに　*158*
　　　2　受入手形の個別管理（その1：日記帳簿記と管理簿記）　*159*
　　　3　決済手形の個別管理（その2：日記帳簿記および財表簿記と管理簿記）　*165*
　　　4　手形の個別管理（その3：個別管理簿記と財表簿記）　*169*
　　　5　おわりに　*174*

第12章　ITの進展と帳簿組織の現代的意義 ―――――― *176*
　　　1　はじめに　*176*
　　　2　データベースの正規化と帳簿の分割の類似性　*177*
　　　3　データベースの三層スキーマと帳簿組織　*182*
　　　4　XBRL GLによる会計帳簿の記述　*185*
　　　5　おわりに　*188*

第13章　クラウド会計システムの現状と課題 ―――――― *192*
　　　1　はじめに　*192*
　　　2　クラウド会計システムの現状　*193*
　　　3　クラウド会計システムを取り巻く環境変化　*195*
　　　4　クラウド会計システムにおける課題　*200*
　　　5　クラウド時代における会計情報の役割　*201*

索　引　*205*

序章

帳簿と帳簿組織

1　帳簿組織の意義

　近代商法の嚆矢とされるフランスの1637年商事勅令（Ordonnance du commerce）では，第3章「商人及び銀行業者の帳簿及び記録簿について」において，帳簿の備え付けおよび記載内容，帳簿の公証手続，帳簿の提示・提出が定められ，破産時に帳簿を提示しない者は，詐欺破産者とみなされ，死刑に処せられるとされていた（安藤1985，10-13）。

　この流れを汲むわが国の商法も，その制定当初から商業帳簿に関する規定が存在し，現行の『商法』および『会社法』においても，適時に正確な会計帳簿の作成，会計帳簿閉鎖の時から10年間の保存，そして訴訟の際の裁判所への会計帳簿の提出命令が定められている（商法第19条，会社法第432，434，615，616条）。『企業会計原則』でも，すべての取引について正確な会計帳簿を作成すべきことが規定されており（一般原則二），また，『法人税法施行規則』においても，すべての取引を借方および貸方に仕訳する帳簿（仕訳帳），すべての取引を勘定科目の種類別に分類して整理計算する帳簿（総勘定元帳），その他必要な帳簿を備え（第54条），主要簿である仕訳帳には取引発生順に取引の年月日，内容，勘定科目および金額を，総勘定元帳にはその勘定ごとに記載の年月日，相手勘定科目および金額を記載すべきことが規定され（第55条），補助簿については青色申告書の提出の承認を受けようとする法人の帳簿の記載事項な

らびに普通法人等の帳簿の記録方法として，別表に詳細な記載事項，記録方法が定められている。普通法人等の帳簿の記録方法として掲げられている事項と記録方法は，図表序-1のとおりである。

図表序-1 法人税法施行規則別表二十二・普通法人等の帳簿の記録方法

区分	記録方法
(一) 現金の出納に関する事項	取引の年月日，事由，出納先及び金額並びに日々の残高を記載する。ただし，少額な取引については，その科目ごとに，日々の合計金額を一括記載することができる。
(二) 当座預金の預入れ及び引出しに関する事項	預金の口座別に，取引の年月日，事由，支払先及び金額を記載する。
(三) 手形（融通手形を除く。）上の債権債務に関する事項	受取手形，支払手形別に，取引の年月日，事由，相手方及び金額を記載する。
(四) 売掛金（未収加工料その他売掛金と同様の性質を有するものを含む。）に関する事項	売上先その他取引の相手方別に，取引の年月日，品名その他給付の内容，数量，単価及び金額を記載する。ただし，保存している納品書控，請求書控等によりその内容を確認できる取引については，その相手方別に，日々の合計金額のみを一括記載することができる。
(五) 買掛金（未払加工料その他買掛金と同様の性質を有するものを含む。）に関する事項	仕入先その他取引の相手方別に，取引の年月日，品名その他受けた給付の内容，数量，単価及び金額を記載する。ただし，保存している納品書，請求書等によりその内容を確認できる取引については，その相手方別に，日々の合計金額のみを一括記載することができる。
(六) (二)から(五)までに掲げるもの以外の債権債務に関する事項	貸付金，借入金，預け金，預り金，仮払金，仮受金，未収入金，未払金等に，それぞれ適当な名称を付して区分し，それぞれ，その取引の年月日，事由，相手方及び金額を記載する。
(七) 有価証券（商品であるものを除く。）に関する事項	取引の年月日，事由，相手方，銘柄，数量，単価及び金額を記載する。
(八) 減価償却資産に関する事項	取引の年月日，事由，相手方，種類（その種類につき耐用年数省令別表（第十九条第二項（種類等を同じくする減価償却資産の償却限度額）の規定の適用を受ける場合には，減価償却資産の耐用年数等に関する省令の一部を改正する

	省令（平成二十年財務省令第三十二号）による改正前の耐用年数省令別表）において構造若しくは用途又は細目が定められているものについては，構造若しくは用途又は細目を含む。），数量及び金額を記載する。
（九）繰延資産に関する事項	取引の年月日，事由及び金額を記載する。
（十）（一）から（四）まで及び（六）から（九）までに掲げるもの以外の資産（商品，製品，消耗品その他棚卸しにより整理するものを除く。）に関する事項	取引の年月日，事由，相手方，数量及び金額を記載する。
（十一）売上げ（加工その他の役務の給付等売上げと同様の性質を有するものを含む。）に関する事項	取引の年月日，売上先，品名その他給付の内容，数量，単価及び金額並びに日々の売上総額を記載する。ただし，次に掲げるところによることができる。 （1）保存している納品書控，請求書控等によりその内容を確認できる取引については，その相手方別に，日々の合計金額のみを一括記載する。 （2）小売その他これに類するものを行う法人の現金売上げについては，日々の現金売上げの総額のみを記載する。 （3）二以上の事業所を有する法人の売上げで日々の売上総額を記載し難いものについては，一事業所ごとに，その事業所における売上総額を記載する。
（十二）（十一）に掲げるもの以外の収入に関する事項	受取利息，雑収入等に，それぞれ適当な名称を付して区分し，それぞれ，その取引の年月日，事由，相手方及び金額を記載する。ただし，少額な雑収入等については，それぞれ，その日々の合計金額のみを一括記載することができる。
（十三）仕入れに関する事項	取引の年月日，仕入先その他の相手方，品名その他給付の内容，数量，単価及び金額並びに日々の仕入総額を記載する。ただし，次に掲げるところによることができる。 （1）保存している納品書，請求書等によりその内容を確認できる取引については，その相手方別に，日々の合計金額のみを一括記載する。 （2）少額な現金仕入れについては，日々の合計金額のみを一括記載する。

	（３）二以上の事業所を有する法人の仕入れで日々の仕入総額を記載し難いものについては，一事業所ごとに，その事業所における仕入総額を記載する。
（十四）（十三）に掲げるもの以外の経費に関する事項	賃金，給料手当，法定福利費，厚生費，外注工賃，動力費，消耗品費，修繕費，減価償却費，繰延資産の償却費，地代家賃，保険料，旅費交通費，通信費，水道光熱費，手数料，倉敷料，荷造包装費，運搬費，広告宣伝費，公租公課，機密費，接待交際費，寄附金，利子割引料，雑費等に，それぞれ適当な名称を付して区分し，それぞれ，その取引の年月日，支払先，事由及び金額を記載する。ただし，少額の経費については，それぞれ，その日々の合計金額のみを一括記載することができる。

　帳簿はこのような制度上の要求だけではなく，企業内の経営管理の必要に応じて設けられるべきもので，これを明確に定義することは難しい。しかし，簿記が帳簿記入（bookkeeping）の略語であり，特定の経済主体の経済活動および経済事象を貨幣数値あるいはその基礎となる物量数値により継続的に記録し，その結果を集計・整理する技術であるという点からすれば，帳簿とは簿記の記録媒体（装釘・非装釘の紙，電磁的記録媒体）であるということができる。

　いかなる帳簿を設け，各帳簿の間にいかなる記帳関連を保たせるかを帳簿組織という。帳簿組織は企業規模，業種，組織形態，記帳合理化の程度などに応じてさまざまな形態をとるが，帳簿の定義からも明らかなように，簿記に求められる役割に応じて決定されるものである。

　中世イタリアの実務では，現金出納帳，債権債務帳，商品売買帳といった複数の帳簿を使用して，備忘記録や財産の管理を行っており，それぞれの帳簿が原始記録簿と勘定簿の機能を兼ね備えていたようである（泉谷1997，299-307）。

　周知のとおり，取引の記録簿・分解簿・分類簿という３つの機能をそれぞれ日記帳・仕訳帳・元帳として別冊の帳簿に独立させたのが，パチョーリの『スンマ』で採用された三帳簿制であり，今日のテキストでおなじみの仕訳帳・元帳の二帳簿制は，三帳簿制の日記帳を仕訳帳の小書きとして吸収合併したシステムである。

　しかしながら，パチョーリの三帳簿制，その流れを汲む二帳簿制は，あくま

でも教育上のシステムであり，実務上，補助簿なしの会計システムはありえない。単式簿記と複式簿記が対峙され，複式簿記の優位性を説く主張が見受けられるが，複式簿記は会計管理機能を担う単式簿記を補助簿として，あるいは特殊仕訳帳として包含しているシステムであり，複式記入の対象となる帳簿である仕訳帳（普通仕訳帳），総勘定元帳だけを検討しても，意味がない。三式簿記を考案した井尻（1984）が主張するように，「あるシステムを旧システムの拡張とよぶためには，旧システムに存在していたものをすべて保存」（井尻 1984, 5）する必要があり，単式簿記と複式簿記は補助簿と主要簿という別個の存在ではなく，複式簿記は単式簿記を包含するシステムであり，帳簿組織を検討する際には，かかるシステム全体を対象としなければならない。

2　本書の構成

本書は，帳簿組織の過去・現在・未来，すなわち時間的分析という視点から検討を行い，とくに帳簿組織の現在については，諸外国の現状，すなわち空間的分析も行っている。

まず，第Ⅰ部，帳簿組織の過去においては，これまでのわが国における帳簿組織に関する議論を整理するために，その出発点として福澤諭吉『帳合之法』を取り上げた。『帳合之法』は，わが国初の西洋簿記書であるだけでなく，明治初頭の簿記の教科書として普及し，これを皮切りに福澤の門下生等によって多数の西洋簿記書が翻訳，出版され，わが国の簿記教育に多大な影響を及ぼしている（西川 1971, 222-246）。

次に，日本会計研究学会のスタディ・グループの調査（中野 2007, 76-80）[1]で「最も影響を受けた簿記の教科書」の上位に挙げられている昭和を代表する沼田簿記，井上簿記を取り上げた。沼田は昭和の高等学校，大学の簿記教育に多大な影響を与え，帳簿組織研究の大家でもある。井上は大学の簿記教育，とくに公認会計士試験，簿記検定試験を通じて多大な影響を与え，しばしば財務諸表的簿記として沼田簿記と対比されている。そこで，今日のわが国における簿記教育に与えた影響の大きさに鑑み，両者の帳簿組織の教育について，検討を行っている。

第Ⅱ部，帳簿組織の現在においては，これまで看過されていた諸外国におけ

る帳簿組織の現状を把握するために，アメリカ，イギリス，ドイツ，フランス，オランダのテキスト等を手がかりとして，また，アメリカ，イギリス，ドイツについては，大学教育の現地調査も踏まえた検討を行っている。

　第Ⅲ部では，帳簿組織の今後の方向性を示す1つの取組みとして，簿記の機能を再考した上で，現行の処理の問題点を指摘するとともに，新たな会計事象への帳簿組織上の対応として，必要とされる帳簿の提案を行っている。また，このような帳簿組織を可視化する伝統的な手書き簿記にとどまらず，IT技術の進展している現代における帳簿組織，会計システムの意義について，さらに近年，台頭しているクラウド会計システムが帳簿に与える影響についても検討を行っている。

● 注
1　本書の構成は，中野（2007）に着想を得ている。

● 参考文献
安藤英義（1985）『商法会計制度論』国元書房。
井尻雄士（1984）『三式簿記の研究』中央経済社。
泉谷勝美（1997）『スンマへの径』森山書店。
西川孝治郎（1971）『日本簿記史談』同文舘出版。
中野常男（2007）『複式簿記の構造と機能』同文舘出版。

（原　俊雄）

第 I 部

帳簿組織の過去

第 1 章　『帳合之法』にみる帳簿組織
第 2 章　沼田簿記における帳簿組織
第 3 章　井上簿記における帳簿組織

第1章

『帳合之法』にみる帳簿組織

1　はじめに

　西洋で使用されていた簿記が，わが国に初めて書物として一般に紹介されたのは，福澤諭吉訳書である『帳合之法』といわれている。その原書は，Bryant, Stratton, および Packard が common school 用に 1871 年に発行した *Bryant and Stratton's Common School Book-keeping; Embracing Single and Double Entry* であり，八式（セット）の帳簿組織例が紹介されている[1]。

　Book-keeping は福澤により「帳合」と訳され，帳合は略式（単式）と本式（複式）に区別されて説明されている。本訳書は，まず 1873 年（明治 6 年）に初編 2 冊が発行された。そこでは，略式における四式のみを訳し，翌 1874 年（明治 7 年）には二編 2 冊に本式における二式の例を訳している。

　わが国における帳合では，多くの帳簿を作成して，各商家独自の帳簿を利用していたことが紹介されている文献がある[2]。そのようなわが国帳合の不便さを福澤は指摘しており，その改善が近代化には必要であるところから広く普及させることを期待していたようである[3]。

　本訳書では，略式と本式の 2 つの方法について紹介しているが，略式の考え方は，本式の考え方にも共通するとして，略式についても省略することなく翻訳している。略式の第三式と本式の第三式を比較するとその違いが理解できるとしながらも，本式第二式の例が最も詳細な例であり，他の例は大同小異との

理由から本式の第三式および第四式については翻訳を省略している[4]。

本章では，翻訳された略式例の4例および本式例の2例の帳簿組織を取り上げて，その内容について，類似している内容である略式第一式および第二式，略式第三式および第四式，本式第一式および第二式の3つに分けて比較検討していくことにする。

紹介されている帳簿組織の基本となる帳簿は日記帳と大帳（元帳）であるが，小帳と呼ばれる補助簿が，企業組織の巨大化，複雑化に応じて段階を追って順次追加されている。

なお，帳簿については簡略化して現代風に変更して引用したほうが望ましいという見解もあるが，わが国初の西洋簿記書であり，福澤の翻訳の工夫が見られると考え，できるだけ帳簿の内容を反映して引用した[5]。

『帳合之法』初編および二編全四巻において紹介されている帳簿組織例を整理すると，図表1-1のように整理できる。

図表1-1 『帳合之法』帳簿組織構成内容の体系

初編　略式
第一巻
第一式　日記帳，大帳
第二式　日記帳，大帳，金銀出入帳，惣勘定（元手，拂口，現在の身代）
第二巻
第三式　日記帳，大帳，賣帳，金銀出入帳，手形帳，惣勘定（元手，拂口，正味損亡の高，現在の身代含む）
第四式　日記帳，賣帳，大帳，金銀出入帳，手間帳，惣勘定（元手，拂口，正味の利潤，現在の身代含む），合併の例
二編　本式
第三巻
第一式　日記帳，清書帳，大帳（取引先人名勘定，個々の商品勘定，正金勘定，請取口手形勘定，拂口手形勘定，費用勘定含む），惣勘定（元手と拂口，利益と損亡）
第四巻
第二式　日記帳，清書帳，大帳（元入勘定，請取口手形勘定，取引先人名勘定，正金勘定，品物勘定，拂口手形勘定，費用勘定，損益勘定，平均勘定含む），平均表（平均之改，仕入残品，名目，元入，事実含む）

2　略式第一・第二式の帳簿組織

　略式第一・第二式では元入はなく開始されており，略式第一式では帳簿の基本となる日記帳および大帳の記入方法を示し，略式第二式では，より詳細な取引における日記帳，大帳，および小帳（補助簿）である金銀出入帳（現金出納帳）の記入方法を示し，帳簿の中でも重要な金銀出入帳の意義を説いている。さらに商売の始末を示す惣勘定との関係を明らかにして，帳合の真の効用である商売の有様を示す惣勘定の意義を説いている。

　日記帳は「取引の手続きをその順序ごとに記す」（福澤 1873, 12）と説明されており，すべての取引が発生順に記入される。大帳は「勘定の差引書を帳面に作りたるものなり」（福澤 1873, 13）と説明されており，すべて人名勘定で債権債務の相手先名を示している。略式第一・第二式の例では福澤屋の取引記録を発生順に記録している。略式ではあるが，日記帳において借方，貸方の区別は記されている。

　略式第一・第二式の日記帳の開始は取引例から始まっており，略式第二式は，第一式よりも詳細な例（呉服業）を取り上げており，帳簿も，日記帳，大帳，金銀出入帳（金の請取と渡方を記し，手元にある有金の額を示す）を含む帳簿組織の例である。

　2ヵ月に一度締め切り，最初の1ヵ月は7日ごと締め切り，後の1ヵ月を月末締切の例としている。また，金銀出入帳を用いることにより，「金の取り扱いに間違いがないことを示す証拠であるとともに商売も確かに行なわれていることを見るべし」（福澤 1873, 32）という。略式第二式では，さらに末段に惣勘定を紹介していることから，惣勘定を帳簿と関連づけて捉えているものと考える。

　日記帳において記録された内容のうち金額および取引先名は人名勘定として大帳に写だされる。

　現金取引は金銀出入帳に直接記入され，掛取引は日記帳に記録された後に大帳に転記される。また，決済された場合には，これを金銀出入帳に記録するとともに，日記帳においても記録した後に，大帳にも写される。大帳の人名勘定の残高および金銀出入帳の残高が惣勘定（statement）といわれる集計表に集め

られて，会計期間の有様（現在の身代）を示した後にはじめの元入金額と比較して正味利潤を明らかにする。その全体の流れは図表1-2のとおりである。

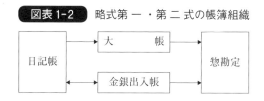

図表1-2　略式第一・第二式の帳簿組織

具体的に，たとえば，福澤屋の上總屋との掛取引を設例として，各帳簿間の関係について説明する。

大帳の上總屋の丁数が三丁，4月5日の取引が記録された日記帳の丁数も三丁，正金（現金）取引が行われた日の日記帳丁数は十一丁であった。取引内容は，4月5日に上總屋に商品42を掛で売り上げ，5月10日に掛取引の現金30が決済された取引である。

これを仕訳すると，次のようになる。

　4月5日
　（借）上總屋　42　　　（貸）品　物　42
　5月10日
　（借）正　金　30　　　（貸）上總屋　30

網掛け部分は略式では示されないが，品物は売帳に，正金は金銀出入帳に記録される。

日記帳の三丁では上總屋の大帳丁数三丁，相手人名勘定先を借として記入し，大帳では日記帳丁数三丁を以下のように記入する。日記帳の三丁には図表1-3のように記入される。なお，差引金とは掛のことを意味する。

大帳三丁の上總屋勘定および金銀出入帳には図表1-4のように記入される。なお，金銀出入帳には他の取引記録も記入されている。

図表1-3　日記帳

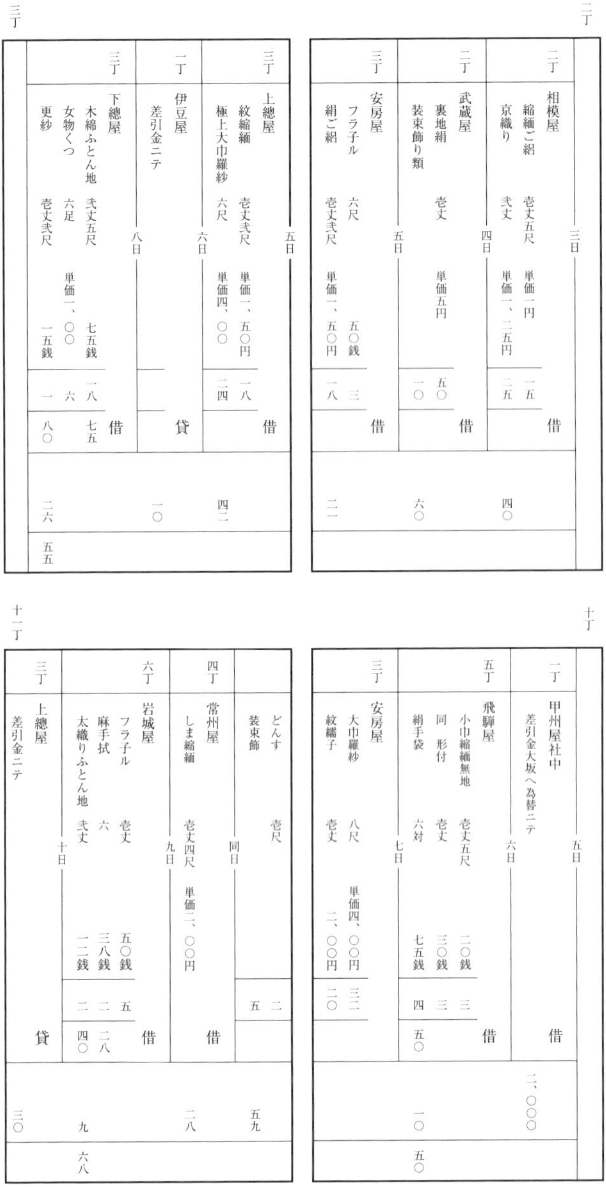

[右上ブロック]

二丁

三日
相模屋　縮緬ご紹　京織り
壱丈五尺　　弐丈
単価一円　　単価一、二五円
一　五　　　一　五
〇　〇　　　〇　〇
　借　　　　　借
四　　　　二
〇　　　　六
　　　　　〇

四日
武蔵屋　裏地絹　装束飾り類
　　　　　　　　壱丈
単価五円
一　五
〇　〇
　借
六
〇

五日
安房屋　フラル　絹ご紹
　　　　　　　　壱丈弐尺
六尺
単価一、五〇円
一　三
〇　〇
　借
二

三丁

五日
上總屋　紋縮緬　極上大巾羅紗
壱丈弐尺　　六尺
単価一、五〇円　単価四、〇〇
一　八　　　二　四
〇　〇　　　〇　〇
　借　　　　　貸
四
二

六日
伊豆屋　差引金ニテ
八日
下總屋　木綿ふとん地　女物くつ　更紗
弐丈五尺　六足　壱丈弐尺
　　　　　　　　単価一、〇〇
　　　　　　　　一　五
　　　　　　　　〇　銭
一　六　　一
七　七　　五
五　五　　銭
借
二
六
五

[左上/右下ブロック]

十丁

五日
甲州屋社中　差引金大坂へ為替ニテ
二、〇〇〇

六日
飛騨屋　小巾縮緬無地　同形付　絹手袋　紋繻子
壱丈五尺　壱丈　六対　壱丈
八尺
単価四、〇〇円
三　三　　　　七　三
〇　〇　　　　五　〇
〇　銭　　　　銭
　借
一
〇
五
〇

七日
安房屋　大巾羅紗
八尺
単価四、〇〇円
三　二
〇　〇
〇　銭
借

十一丁

九日
常州屋　しま縮緬　装束飾
壱丈四尺　　壱尺
単価三、〇〇円
　　　同日
五　二
〇
　借
五
九

十日
岩城屋　フラル　麻手拭　太織りふとん地
壱丈　六　弐丈
五　三八
〇　銭
銭
二　五
四
〇
貸
二
八

三丁
上總屋　差引金ニテ
三
〇
六
八

第1章 『帳合之法』にみる帳簿組織 ◆ 13

図表1-4 大帳および金銀出入帳

また，本例に関する数値を含む惣勘定の様式および内容は図表1-5のとおりである。なお，上總屋から，さらに18.5の商品を購入しているため，上總

屋勘定の残高は30.5である。

図表1-5 惣勘定

元手	第一 大帳ノ勘定ヨリ即チ他人ヨリ請取ル可キ差引金ナリ		
	伊豆屋	一二〇	五七
	安房屋	八〇	
	上總屋	三〇	五〇
	常州屋	二八	
	近江屋	三一	五〇
	美濃屋	三七	七五
	飛驒屋	八五	〇五
	信濃屋	一六	五〇
	岩城屋	六九	六八
	第二 金銀出入帳ヨリ即チ手元ニアル残金	二、九〇八	二六
	第三 仕入帳ヨリ即チ手元有品代	一、〇七五	四五
		四、四八三	二六
拂口	大帳ノ勘定ヨリ甲州屋へ拂フベキ差引金	二、〇〇〇	
	現在ノ身代	二、四八三	二六

略式第二式では第一式と異なり，末段の惣勘定を作成している。

「商売の帳面を取り扱うさいに，最も願うべきことは，取引の始末を明らかにして，誤りがないことを示すことである」(福澤 1873, 33) と説明され，そのために惣勘定が作成される。定則として，「第一 現在の身代は，元手の額より拂口の額を引く，第二 商売の利潤を知るには商売の終わりに残った元手の高より初めに用いた元金の高を引く」(福澤 1873, 53) と説明され，利潤の算定について説明し，略式第二式では「利潤」という用語を使用して惣勘定で財産法による損益計算を行っている。惣勘定は商売の有様 (元手および拂口) を示すもので，「帳合之法は，体裁はともかく明白にこれらを示すことが大切である」(福澤 1873, 51) として惣勘定を重視し，大帳，金銀出入帳，仕入有品の目録 (仕入残品 inventory) の残高を集計した金額で作成される (福澤 1873, 51)。なお，所持とは，「身代のこと，元手」をいい，借用とは，「拂口，引負のこと」(福澤 1873, 51) と定義されている。

3　略式第三・第四式の帳簿組織

　略式第三・第四式では，作州屋および備前屋が出資する卸問屋組合社中の例および福澤屋，丸屋の元入および拂口からなる家具屋商売の例を示している。略式第三・第四式の例ではそれぞれの社中が選択した日記帳，大帳，金銀出入帳，売帳（売上帳），手形帳，手間帳（人件費の帳簿）を組み入れているが，共通しているのは，日記帳，大帳，売帳，金銀出入帳，惣勘定である。仕入帳は使用されていない。

　ここでは，各々の帳簿の役割が略式第三式・第四式で変化していることについて指摘する。具体的には，略式第三・第四式の例において，掛売上に係る取引で使用される帳簿に違いがあるが，使用される帳簿としては図表1-6のようになる。

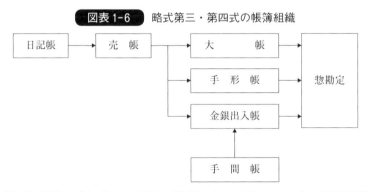

図表1-6　略式第三・第四式の帳簿組織

　まず，略式第三式に倣って以下の設例によって見ていこう。期中取引として，7月7日に淡路屋に掛けで42.45売り上げ，7月24日に淡路屋より差引金42.45回収した取引で帳簿との関連を示す。

　この取引を仕訳すると，次のようになる。

　　7月7日
　　（借）淡路屋　42.45　　　（貸）品　物　42.45
　　7月24日
　　（借）正　金　42.45　　　（貸）淡路屋　42.45

網掛け部分は略式では示されないが，品物は売帳に，正金は金銀出入帳に記録される。手形による売上があれば図表1-9のように手形帳に記入される。

売上は図表1-8の売帳（売上帳）のとおりであり，豊後屋，防州屋，肥前屋，淡路屋および肥後屋への売上は日記帳，売帳，手形帳および金銀出入帳にそれぞれ記録される。防州屋への売上は，略式第三式ではまず，日記帳および売帳に記録されたのちに大帳に記録されるが，略式第四式では日記帳を通さずに直接大帳に売帳から記録され，現金により決済されたものについては日記帳に記録された後に大帳に記録される。

ここでまず，略式第三式における惣勘定作成までの流れを示す。

日記帳の開始記入（図表1-7）は，組合員である作州屋勘定と備前屋勘定の期首有高の貸方記入で始まっている。第一式および第二式では，日記帳には取引内容が詳細に記録されていたが，売帳などの小帳を用いるようになってくると日記帳の記載は簡潔になっており，詳細な内容については小帳に移管されていく。売帳，手形帳，金銀出入帳の記載は図表1-8から図表1-10のとおりである。

図表1-7　日記帳

一丁	三丁	四丁	二丁	四丁	一丁	第三式
備前屋	紀伊國屋社中	阿波屋	廣島屋	淡路屋	作州屋	明治六年 七月一日
品川屋渡リノ手形引受ニテ但シ手形帳ノ通リ	差引金	品物代賣帳ノ通リ	差引金拂切	品物代賣帳ノ通リ	商賣元入高左ノ如シ 品物ノ高仕入帳ノ通リ 手形ノ高手形帳ノ通リ 正金ノ高金銀出入帳ノ通リ 他人ヘ差引貸金ノ高左ノ如シ	日記帳
	十二日	同日	十日	同日	七日	備中屋ヘ
借	借	借	貸	借	四、七五〇 一、五〇〇 一、二〇〇 五〇〇 貸	
七五	三〇〇	二三 四一	三七五	四二 四五		

図表1-8 売帳

第三式 賣帳 明治六年七月一日

	金帳	
豊後屋	紫更紗 拾壱丈	一一銭 一二
	茶同 七丈五尺	一〇銭 一・七 四五
	黄同 拾弐丈	九銭半 八
	緋回 八丈	一〇銭 三九

（現金）

一丁 三日

	日帳	
防州屋	子供もの同 一箱拾弐足 単価三円	三六
	女もの同 三箱三拾六足 単価三円	一〇八
	男もの靴 二箱弐拾四足 単価二円	四八 一九二

（掛）

二丁 四日

	手帳	
肥前屋	形付もめん 三反拾弐丈五尺 一〇銭	一二 一五〇 一〇八 二〇
	無地あさ 九反弐拾七丈 一銭	二九 七〇
	白もめん 百弐拾丈 単価 五銭半	六六

（六十日渡手形）

七日

日帳		金帳	
淡路屋	綾織もめん 弐反八丈 九銭 八九 六五 四二 四五	肥後屋 紗 三巻五丈四尺 一二銭 一四 九五	
	結城もめん 三反九丈八尺 一二銭 一一九	絹 弐巻六丈四尺 一二銭 一二 七 八〇 一九 八二	
	同紺がすり 三反九丈 一二銭		
	浮織もめん 四反拾弐丈 九銭		

（掛）（現金）

八日

図表1-9　手形帳

第三式　手形帳　受取口手形

番号	一	二	三
手形受取ノ月日	明治六 七ノ一	同	七ノ四
請取タル訳	作州屋元入	同	品代
差図人又請取人	川崎屋	金川屋	藤澤屋
引受人又仕出方	江戸屋	戸塚屋	肥前屋
月日	明治六 六ノ七	一ノ十	七ノ四
日限	三十日	八ヶ月	六十日
渡シ日	明治六 七ノ十	九ノ十三	九ノ五
金高	五〇〇	一、〇〇〇	一〇八二〇
月日始末	明治六 七ノ十 拂スミ		

図表1-10 金銀出入帳

第三式　金銀出入帳

【借】

七月
日付	摘要	金額
一日	作州屋元入	一,一〇〇
同	備前屋同断バンク預ケ	三,〇〇〇
二日	豊後屋分差引金入	三九
三日	備中屋分品代入	一 五〇
同	店小売代入	一 七 五〇
七日	廣島屋分同断	一 三七五
八日	肥後屋分品代入 賣帳	一九 八二
四廿	箱館屋分同断 賣帳	一〇六 四五
同	淡路屋分差引金入	四二 二〇
五廿	奥州屋分品代入 賣帳	一六三八
七廿	松島屋分同断	一五四
九廿	羽州屋分同断	二五〇
同	備中屋分差引金入	七五
卅一	豊前屋分同断	七,二四六 九四
	有金	五,八八一 九四

【貸】

七月
日付	摘要	金額
一日	郵便切手并ビ二筆代	五
四日	菓子代	一〇
五日	店普請入用	一 七五
同	荷物運賃	二七 五〇
七日	書役雇賃	一五
八日	大坂へ使賃	三〇〇
十日	紀伊國屋へ差引拂	一七五
同	人足賃並三郵便切手	八
五廿	書役雇賃	三五
同	備前屋引受手形拂	七五
六廿	紀伊國屋へ差引金拂	四五七
	手元金残金	五,八八一 九四
		六,四六 九四

　次に，大帳の記入は図表1-11のとおりである。作州屋および備前屋の大帳の丁数は取引時の日記帳の丁数である。

図表 1-11 大帳

	四丁			一丁	
借 七月三十日 品物代 丁五 一八〇 讃岐屋 七月廿一日 正金 丁六 五〇 貸	借 七月十日 品物代 丁四 三二 阿波屋 丁六 四一 貸	借 七月七日 品物代 丁四 四五 淡路屋 七月廿四日 正金 丁六 四一 貸 四五		借 七月三十日 手形引受 丁四 七五 備前屋 七月一日 社中商賣元入 丁二 八、〇〇〇 貸	借 七月十五日 正金 丁五 七五 作州屋 七月一日 社中商賣元入 丁一 九、〇七五 貸	第三式 大帳

　略式第三式では，惣勘定の元手の中に「仕入帳より」「有品」「地面家作」が示されている（図表 1-12）。第四式の「有品」には，「出来品」「仕掛りの品」「道具類」が計上されている。なお，この「仕入帳」は Inventory であり，棚卸表の誤訳である。

　略式第三・第四式の例における帳簿上の特徴として以下の点があげられる。

① 第三式の惣勘定では，大帳の人名勘定の債権残高，金銀出入帳残高，手形帳の受取手形残高，そして棚卸表の商品および固定資産有高の資産合計から，手形帳の支払手形残高の負債を差し引いて現在の身代，期末資本が算定される。次に組合員人名勘定の期末元入資本から期首資本を控除して正味損亡の高，純損失を計算し，各組合員人名勘定から純損失が控除されている。このように，略式では複数の帳簿と棚卸表から期末資本を算定し，組合員人名勘定の元入資本との差額で財産法による損益計算が行われている。第四式の惣勘定では，複数の帳簿および棚卸表から期末資産を計算し，拂口とされている組合員人名勘定の期末元入高に正味の利潤，純利益を加算し期末資本が算定されている。

第1章 『帳合之法』にみる帳簿組織 ◆ 21

図表1-12 略式第三式の惣勘定

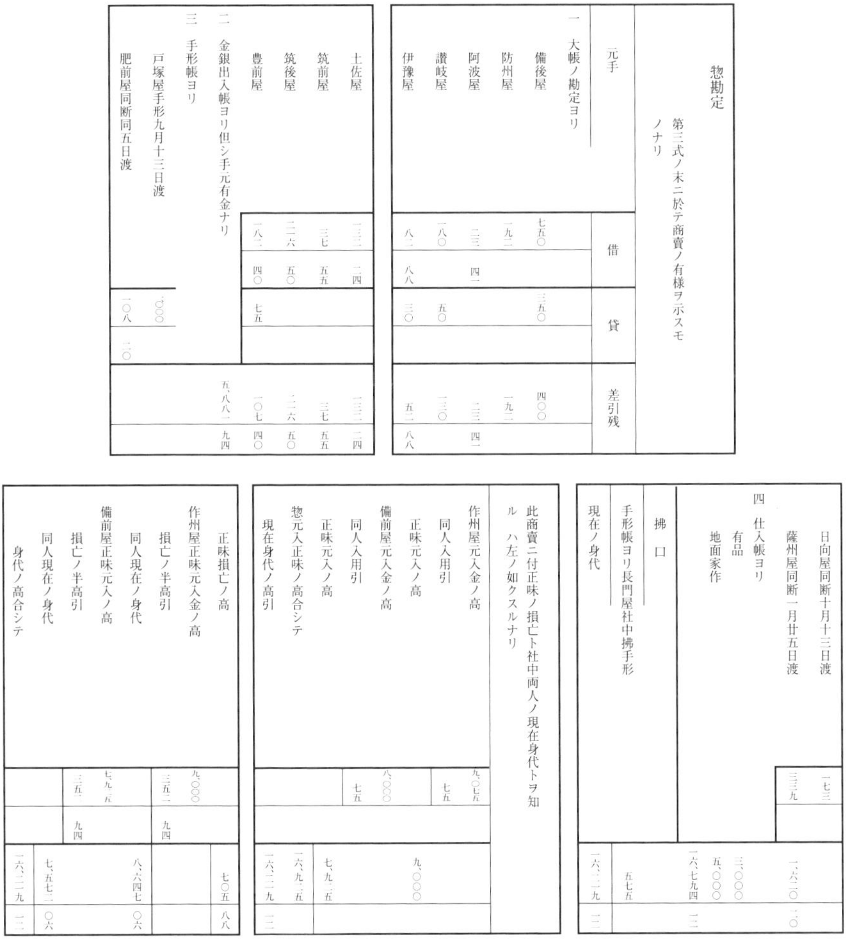

② 略式第四式では，4月2日の熊本屋への掛売上取引は，日記帳には記入されず，図表1-13のように，売帳から大帳に転記されている。売帳には図表1-13で示しているように大帳の丁数が記入され，大帳には売帳の丁数が記入されている。売掛金の決済取引は，金銀出入帳からではなく，日記帳から大帳に転記されており，売帳が主要簿的に取り扱われているのに対して，金銀出入帳は補助簿という位置づけになっている。

図表 1-13　売帳および大帳

③　開始記入について略式第四式では元入，拂口から開始されている点が複雑化している。

④　略式第四式の日記帳における記録内容も，三井への預け入れが預金として追加されており，掛売上先の人名勘定だけではない記録の例を示している（福澤 1874, 38）。また，手間帳も追加され，金銀出入帳に記録されており，費用勘定も認識されている[6]。

⑤　略式第三式から仕入帳（棚卸表）に地面家作として固定資産が記載されている。

⑥　惣勘定には現在の身代を示し，商売の利潤を含んで算定する。

4　本式第一・第二式の帳簿組織

複式簿記を説く本式では，新たな帳簿として清書帳（仕訳帳）がある。清書帳は日記帳と大帳を関連づける帳簿であるが，翻訳されていない第三式の仕訳日記帳として日記帳と統合する場合もある。この場合は，日記帳の機能の後退としてみることができる。しかし，翻訳されている例における日記帳には，取

引内容が詳細に記されており，翻訳されていない例において売帳などの小帳の例があることから，日記帳の機能は補助簿が担っており，福澤が本式における日記帳の機能後退について指摘したかったかどうかは疑問が残る。

略式の日記帳では借，貸の区別が記されていたが，本式第一・第二式の日記帳では貸借区別が記されていない。取引金額が日記帳に記入されているので，清書帳の合計額と日記帳の合計額が一致することで仕訳の検証ができる。この点は，略式では日記帳の合計額が大帳の各勘定の貸借合計額により検証できることに加えて，三帳簿での記帳の検証が可能になっている。

また，複数の帳簿の残高と実地棚卸高を集計して作成される略式の惣勘定と，勘定（accounts）に基づき作成される本式の惣勘定は，その作成過程において大きく異なっている。この点について本章の以下の設例をもとに明らかにする。なお，略式第四式における大帳では，組合員名勘定ごとに口座が設けられていたが，本式第一式では元手，拂口の前期繰越高はなく，本式第二式の大帳においては，組合員名勘定は設けず，元入勘定の借方に期首負債，貸方に期首資産を記入し，貸方残高が期首資本となる開始記入が行われている。したがって，第一式における惣勘定では元手，拂口の差額が当期の損益となる。略式の惣勘定では，期首および期末の元手，拂口の差額を比較して財産法によって当期の損益を算定するが，本式の惣勘定は，事実を表す勘定（実在勘定）と名目を表す勘定（名目勘定）に勘定科目を分けて，それぞれの勘定科目の集計から損益勘定と平均勘定（残高勘定）を完成させる。これらの過程を含む表を本式の惣勘定と捉えている。福澤は，本式の帳簿の関連した例については翻訳せず，損益勘定，平均勘定，平均之改，第二平均之改，惣勘定までの関係を明らかにしようとしていたものと想像される。

その他の勘定として，正金，品物，費用等新たな勘定が略式の勘定に追加されている。本式第二式の勘定は，元入（資本金），請取口手形，拂口手形，債権・債務（人名勘定），雑費，品物，正金（現金），損益，平均（残高）であり，平均之改，第二平均之改，平均表，惣勘定が説明されている。

本式第一・第二式では，日記帳，清書帳，大帳に関わる帳簿組織については解説しているが，原著の本式第四式において説明されている売帳，金銀出入帳からなる特殊仕訳帳については翻訳書においては訳されていない。

本章では，翻訳されている図表1-14のような本式第一式および第二式で含

まれている単一仕訳帳制に基づいて惣勘定までの内容を明らかにする。ここで示されている惣勘定について，「…平均表の体裁に倣いこの出入差引を集めて惣勘定の表を作る可し」（福澤1874, 36-38）と記されており，パッカルドの平均表に倣って惣勘定を作成することが説明されていることから，本章では，その中に含まれている平均之改，名目勘定，元入勘定，事実勘定の関係について明らかにして，第二平均之改（修正後残高試算表）についても本章の設例を通して明らかにする。なお，略式において取り上げられている惣勘定と本式の惣勘定の様式は大きく異なっているが，略式では商売の始末を財産の集計として捉えていたが，本式では損益も含んでの始末として捉えられるようになったものと解される。

図表1-14　本式の帳簿組織

日記帳　→　清書帳　→　平均之改，第二平均之改　→　平均表（惣勘定）

　まず，掛，手形，現金取引，家賃，給料等費用，掛取引および手形取引の現金決済は日記帳において記録されるが，大帳への転記は清書帳を経由するため，丁数欄はない。また，日記帳には取引の商品・数量・単価も記録されているが，貸借の区別はされていない。それに代わり，清書帳には貸借仕訳が記録され，清書帳には大帳の丁数，大帳には清書帳の丁数記入がある。本式第一式の日記帳では，開始記入はなく，営業取引の記入から開始されており，本式第二式の日記帳では元手および拂口の期首残高が記されてはいるが，金額欄の貸借の区別はない。また，本式第一式では損益，平均，第二平均之改，平均表に関しては取り扱われておらず，大帳の勘定として債権・債務を示す人名勘定のほか，請取口手形，麦粉，小麦，大麦という口別商品勘定，正金勘定，雑費など費用勘定が設定されている。本式第一式では，商品ごとに総記法による記入が行われ，各商品はすべて売却され，締切時点でそれぞれの商品ごとに貸借差額で売徳（商品売買益）を算定する平均之改も示している。平均之改として合計試算表と残高試算表の例が示されている。本式第一式の惣勘定には元手と拂口として期末資産と期末負債が計上され，現在の身代として期末資本が算定され，利益と損亡として収益と費用が計上され，正味の利益として純利益が算定されている。本式第二式の惣勘定は，平均之改欄，決算整理のための仕入残品

欄，収益と費用を集計した名目欄，元入資本に純利益を加算した元入欄，期末資産・負債・資本を集計した事実欄で構成された精算表である。

本章では本式第二式の帳簿組織例に基づいて説明していく。まず日記帳に図表1-15のように，資産および負債の期首残高が記入される。

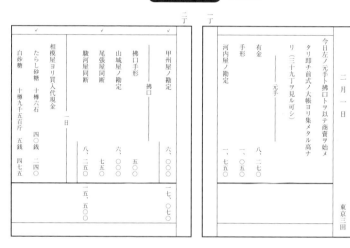

図表1-15　日記帳

日記帳に基づき，元入（資本金）勘定を相手勘定とする開始仕訳が行われる。各種取引も日記帳の明細記録に基づいて，図表1-16のとおり清書帳に仕訳される。清書帳の上段に，元丁欄が設けられている。

図表1-16 清書帳

　次に，大帳には転記の日付，相手勘定，清書帳の丁数，金額が記入される。大帳記入例（一部）を示すと図表1-17のとおりである。なお勘定の締切について，福澤は勘定科目を事実の勘定と名目の勘定に大きく区別し説明している。商売の有様を知るだけでは第一式の惣勘定で示された内容で理解されるが，商売の盛衰を理解するためには勘定を締め切る必要があるとして，損益があるごとに元入勘定に加えるのではなく，1年に1度あるいは6ヵ月ごとに締め切る旨を説明している。

図表1-17 大帳

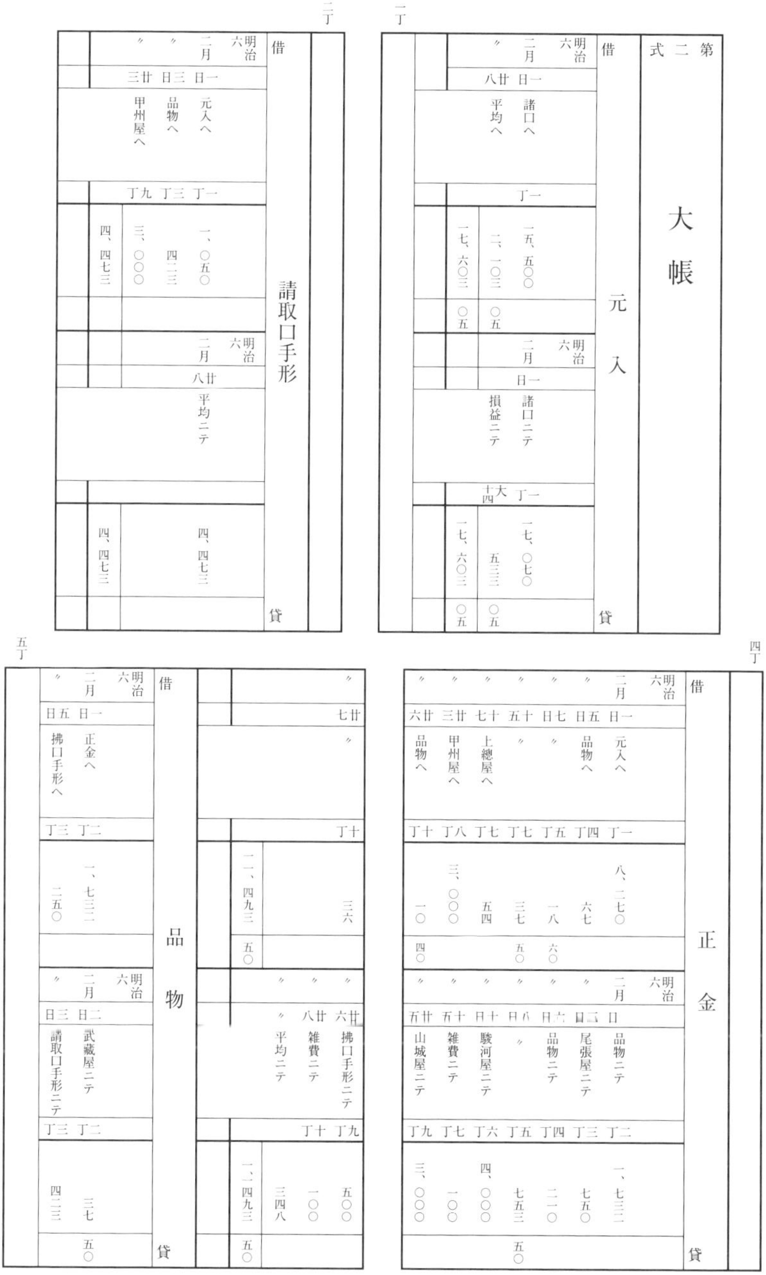

七丁								六丁										
								二月										
								六八日 廿八日										
								正金ヘ 損益ヘ										
								四丁 五丁										
	三、六七八							二 〇	七 五 三	七 三 三							
	五 五							〇	五	〇							
	〃	〃	〃	〃	〃	二月		〃	〃	〃	〃	〃	〃	〃	〃	二月		
	廿八日	廿七日	廿六日	廿五日	廿二日	十二日		廿八日	十五日	十四日	十三日	二十日	九日	七日	六日	五日	四日	
	平均ニテ（残品）	正金ニテ	尾張屋ニテ	會津屋ニテ	河内屋ニテ			武藏屋ニテ	正金ニテ	南部屋ニテ	津軽屋ニテ	駿河屋ニテ	南部屋ニテ	正金ニテ	岩城屋ニテ	正金ニテ	上總屋ヘ	
		〃	丁十	丁九	〃			丁八	丁七	〃	丁六	〃	丁五	〃	丁四	〃	丁三	
	三、六七八	二、五〇〇	三 六	一 〇	五 三	四		三 三	三 七	一 七	九 五	一 八	一	八 二	六 七	五 四		
	五 五		四	六	四			五	五	〇	〇	五	八 〇	〇	〇	六 〇		

十五丁							十四丁						
借						明治六年 三月	借		三月	明治六年 三月	借		
	〃	〃	〃	〃	〃	廿六日		廿八日		六日			
元手	南部屋ヘ	武藏屋ヘ	尾張屋ヘ	正金ヘ	河内屋ヘ	請取口手形ヘ	品物ヘ	雑費ヘ	元入ヘ	品物ヘ		岩城屋	
	〃大	〃大	〃大	〃大	〃大	〃大		〃大		丁四			
	一 三 五	六 〇	三 四 八	一 七 九 四	四 四 七 三	二 五 〇 〇		七 三 〇	五 三 〇	二 〇 〇	八 二 〇		
	二 五	六 〇						五	五				
平均	〃	〃	〃	三月	明治六年 三月		〃	三月	明治六年 三月				
拂口	元入ニテ	駿河屋ニテ	山城屋ニテ	拂口手形ニテ	廿八日		廿八日 品物ニテ		廿八日 平均ニテ				
		〃大	〃大	〃大			〃大		〃大				
		二 一 〇	四 五 四	三〇〇〇	二 五 〇		七 三 〇	七 三 〇	八 二 〇				
貸		五	〇				五	五		貸			

第二平均之改（図表1-18）は，借方に期首負債，期末資産を，貸方に期首資産，純利益，期末負債が集計され，期首資本，期首資本＋純利益＝期末資本の一致によって記帳の検証を行う修正後試算表である。

図表1-18　第二平均之改

	元入	損益	平均	
借	一五，五〇〇	九，五〇七 二〇	二五，二〇七 二五	第二平均之改
貸	一七，〇七〇 〇五	七，四〇四 七三二〇	二五，二〇七 二五	

　最後に精算表の役割を担っているパッカルドの平均表を示すと図表1-19のとおりである。平均之改欄は合計試算表，仕入残品欄には貸借の区別はない。名目欄は損益勘定に相当し，商品売買益と雑費の差額で正味利益（純利益）533.05 を算出している。商品売買は総記法により処理されており，仕入残品欄の修正を経て，売買益が名目欄に，期末残高が事実欄に記入されている。元入欄では期首元入資本に純利益が加算され，期末資本が算定されて，残高勘定に相当する事実欄には元手と拂口の期末残高である期末資産・期末負債と元入欄で計算された期末資本が集計され，貸借平均している。このように現在の精算表に相当するパッカルドの平均表（Balance Sheet）における処理については新田も指摘している[7]。

図表 1-19 パッカルド氏所用の平均表

パッカルド氏所用ノ平均表

明治六年二月 二十八日ノ等	元入	請取口手形	河内屋	正金	品物	拂口手形	山城屋	尾張屋	駿河屋	武蔵屋	南部屋	津軽屋	雑費	會津屋	岩城屋	左1	左2（元入へ借正味利益）	左3	左4（平均へ借正味元高）	左5
大帳ノ丁	一	二	三	四	五	八	〃	九	十	十一	十二	〃	十三	〃	十四					
平均之改 借	一五、五〇〇	四、四七三	一、七九四	一一、四九三	二、九四五	五〇〇	三、〇〇〇	八〇三	四、〇九五	六〇	一三五	二九	二〇〇	三二	八二	四五、一四四				
（下段）	、	、	、	五〇	五〇	、	、	六〇	八〇	、	二五	、	、	四〇	、	〇五				
平均之改 貸	一七、〇七〇	、	、	一一、一四五	一、一七八	七五〇	六、〇〇〇	七五〇	八、二五〇	、	、	、	、	、	、	四五、一四四				
（下段）	、	、	、	五〇	五五	、	、	、	、	、	、	、	、	、	、	〇五				
仕入残品	、	、	、	、	二、五〇〇	、	、	、	、	、	、	、	、	、	、					
（下段）	、	、	、	、	、	、	、	、	、	、	、	、	、	、	、					
名目 損亡	、	、	、	、	、	、	、	、	、	、	、	、	二〇〇	、	、		五三三	七三三		
（下段）	、	、	、	、	、	、	、	、	、	、	、	、	、	、	、		〇五	〇五		
名目 利益	、	、	、	、	七三三	、	、	、	、	、	、	、	、	、	、			七三三		
（下段）	、	、	、	、	〇五	、	、	、	、	、	、	、	、	、	、			〇五		
元入 借	、	、	、	、	、	、	、	、	、	、	、	、	、	、	、		、		二、一〇三	二、一〇三
（下段）	、	、	、	、	、	、	、	、	、	、	、	、	、	、	、		、		〇五	〇五
元入 貸	一、五七〇	、	、	、	、	、	、	、	、	、	、	、	、	、	、		五三三		、	二、一〇三
（下段）	、	、	、	、	、	、	、	、	、	、	、	、	、	、	、		〇五		、	〇五
事実 元手	、	四、四七三	一、七九四	三四八	二、五〇〇	、	、	五三	、	六〇	一三五	二九	、	三二	八二		、		、	九、五〇七
（下段）	、	、	、	、	、	、	、	六〇	、	、	二五	、	、	四〇	、		、		、	二五
事実 拂口	、	、	、	、	、	二五〇	三、〇〇〇	、	四、一五四	、	、	、	、	、	、		、		二、一〇三	九、五〇七
（下段）	、	、	、	、	、	、	、	、	二〇	、	、	、	、	、	、		、		〇五	二五

此平均表ヲ作ルノ法ハ次ノ廿三丁ニ詳ナリ

今日の精算表に類似した計算表（惣勘定）は，当時，平均表（貸借対照表）と呼ばれていた[8]。また，その作成にあたり，他人との勘定口，人名勘定の数が多く，平均表は拡大化されている。
　略式では複数の帳簿残高および棚卸表に基づいて惣勘定を作成するのに対して，本式では，大帳の品物勘定残高に仕入残品を貸記し，損益振替，残高振替を行う直接仕訳法，直接整理法によって惣勘定を作成する。また，損益振替，資本振替，残高振替は清書帳には仕訳されず，原著と同様に，大帳に直接赤字で記入して振り替えている。

5　おわりに

　わが国で西洋簿記を普及すべく発行された翻訳書である『帳合之法』の帳簿組織について設例を通して紹介してきた。最後に，翻訳書で示された例示から理解される帳簿組織の特徴について整理してみたい。
　まず，略式と本式の帳簿組織の共通点と相違点について見ていこう。
　略式と本式における帳簿組織は区別して理解するのではなく，略式は帳簿組織の基礎的構成要素となる帳簿の大部分を共有していることが指摘できる。
　日記帳と大帳という主要な帳簿はいずれの例にも含まれているが，すべての取引が記入される本式では，日記帳にあった貸借を指示する機能は清書帳に移行している。取引記録としての日記帳の役割は，小帳と呼ばれる補助簿に機能が分化されるに従い，その重要性が後退している。さらに，翻訳されなかった本式の第三式において，日記帳と清書帳が仕訳日記帳として一体化するなど日記帳の変化が理解できる。また，略式は資本主人名勘定を含む人名勘定と補助簿によって，債権債務，財産を管理する帳簿組織であり，日記帳はもっぱら債権債務の管理のための記入が行われていた。
　次に，惣勘定の内容である。略式の惣勘定は人帳および各小帳の集計から作成されている。その内容は，元手，拂口であり，財産計算と，財産法による損益計算が行われていた。本式では，合計試算表に始まり，決算修正，修正後試算表，損益勘定，残高勘定から構成される総合の計算表を意味するものに発展した。
　また，Book-keepingを「帳合」と訳した理由は，福澤が記しているように

「当時簿記の二字さえ俗耳を驚かすことを恐れ態と帳合之法と名づけた」[9]ようである。したがって，勘定を使用する西洋簿記をわが国固有の検証・管理手段であった「帳合」の代替として普及することが優先された。

　残された課題としては，二編第四巻譯者付言において原著の本式第三・第四式部分の翻訳を省略した理由について述べられているが，小島（1965, 18）が指摘するようにその後の普及にこのことが影響したのかという課題がある。第三式の仕訳日記帳はさておき，本式の第四式は売上帳と現金出納帳を特殊仕訳帳として使用するもので，財産管理を行う単式簿記と財産計算および損益計算も任務とする複式簿記を融合した帳簿組織となっている。帳簿組織と財産管理に関する課題についてもさらに研究する必要がある。

● 注

1　原著初版の発行年については1860年か1861年かの議論がある（小島1965, 3）。
2　商家の帳簿の調査結果が紹介されている（西川1969, 2）。
3　略式および本式の優れている点を説得している（福澤1873, 2）。
4　二編第四巻譯者付言において述べられている（福澤1874, 1）。
5　わが国への対応として記すのであれば翻訳書に従って記したほうが良いという見解がある（木村1957, 91）。
6　雑用帳も使用されており，費用が計上されていたことが理解される（福澤1874, 52-53）。
7　精算表における当期純利益を元帳に一致させて資本勘定に計上する考え方である（新田・壹岐・佐々木1996, 86）。
8　当時は，多桁式財務諸表は'balance sheets'と呼ばれていた（片野1979, 231）。
9　（西川1964, 40）において福澤の意図について大坪文次郎（1888）の福澤序文を紹介している。しかし，福澤は，わが国「帳合」に代替することを期待していたことも理由として考えられるのではないか。

● 参考文献

Bryant, H. B., H. D. Stratton and S. S. Packard（1871）, *Bryant and Stratton's common school Book-keeping; embracing Single and Double Entry*, IVISON, BLAKE-MAN, TAYLOR & COMPANY.
Jack P. Friedman（1987）, *Dictionary of Business Terms*, Barron's Educational Series, Inc.
上野道輔（1942）『簿記原理大綱』有斐閣。
大坪文次郎（1888）『簿記活法：実地適用，上』金港堂（国立国会図書館デジタルコレクション）。
片岡泰彦（2004）「帳合之法に関する一考察」『経営論集』（大東文化大学）第8号，15-30頁。
片野一郎訳（1979）『リトルトン　会計発達史［増補版］』同文舘出版。

木村和三郎（1957）「日本簿記史の一こま―福澤諭吉と帳合の法―」『経営研究』（大阪市立大学商学部）第31号，88-92頁。
久野光朗（1985）『アメリカ簿記史―アメリカ会計史序説』同文舘出版。
黒澤清（1934）『簿記原理』東洋出版社。
小島男佐夫（1965）「『帳合之法』に関する一考察」『商学論究』（関西学院大学）第12巻第3号，1-19頁。
西川孝治郎（1964）「簿記の起源について」『三田商学研究』（慶應義塾大学）第7巻第2号，33-45頁。
──────（1969）「日本固有帳合法の特徴について」『商学集志』（日本大学商学研究会）第38巻第2・3・4合併号，2頁。
──────（1971）『日本簿記史談』同文舘出版。
──────（1985）「帳合之法解題」『ブライヤント・ストラットン共著　福澤諭吉訳　帳合之法』復刻版，雄松堂出版。
新田忠誓・壹岐芳弘・佐々木隆志（1996）『会計学・簿記入門』白桃書房。
久野秀男（1979）「英米古典簿記書研究拾遺」『学習院大学経済論集』第16巻第1号，81-121頁。
広瀬大有（1980）「福沢諭吉『帳合之法』の未翻訳部分」『論叢』（秋田経済大学，秋田経済短期大学）第26号，18-43頁。
──────（1982）「第3例・第4例に関する一考察」『論叢』（秋田経済大学，秋田経済短期大学）第30号，89-97頁。
福澤諭吉訳（1873）『帳合之法　初編』慶應義塾大学出版局，慶應義塾大学メディアセンターデジタルコレクション。
──────訳（1874）『帳合之法　第二編』慶應義塾大学出版局，慶應義塾大学メディアセンターデジタルコレクション。
水野昭彦（2009）『福澤諭吉譯　帳合之法　全四巻現代語譯』。

（白木俊彦）

第2章

沼田簿記における帳簿組織

1 はじめに

　現代簿記の原点ともいえる沼田簿記は，英米簿記書の翻訳・祖述時代を経て確立された戦前の吉田簿記を初めとするわが国の簿記書，海外の文献を踏まえ，先人の説明をそのまま踏襲した旧態依然の説明からの脱皮を図り確立されたものである（中村・大藪1997, 1-6；中野2007, 60）。沼田の大著『帳簿組織』では，「簿記学の最終の帰着点は帳簿組織の研究にある」とし，同書では「帳簿組織についての学問体系と基本原則とを樹立し，あわせて直ちに実務に役立つ帳簿組織を詳細かつ懇切丁寧に展開すること」を目標としていた（沼田1968, 小序1-2）。そのため，簿記上の固有の帳簿だけでなく，証憑等あらゆる企業の経済活動のための記録全般を含む書類が研究対象とされていた。

　しかし，その場合，研究対象があまりに広範囲に及び，実務を意識すると企業規模，業種等による多様性もある。そこで本章では，わが国の簿記教科書において通常説明される帳簿組織，すなわち「複式簿記を前提とした仕訳帳および元帳を中心とする帳簿の分割ならびに主要簿，補助簿の記帳上の関連などを話題の主たる対象」（沼田1968, 3）として，沼田簿記を検討してみたい。周知のとおり，沼田には簿記に関する多数の著作があるため，本章では『帳簿組織』の該当部分のほか，大学生向けテキストの定番であった『簿記教科書』，そして簿記研究書三部作のうち沼田自身が「私の簿記学の結晶」（沼田1973a,

小序3) とする『現代簿記精義』を主な題材とする。

2　帳簿と帳簿組織

　沼田は，帳簿を「企業の(1)経済活動を(2)継続的に(3)貨幣金額によって記録した書類」と定義し，複式簿記の場合は，これに「(4)勘定科目と(5)貸借記入原則によって記入」という条件が加わる（沼田1973a，215-216）。そして，「企業においてどのような帳簿を設け，帳簿間の連絡をどのように仕組んで，その有機性をうるかについての理論および手続を総称して帳簿組織」（沼田1973a，238）と呼び，
「(1)　企業の経営に必要な記録はどのようなものであるか。すなわち記録内容の設定と限定
　(2)　上記の記録を有効に利用するためには，記録をどのように回送し，また記録相互間にどのような連絡を保つべきか
　(3)　上記の記録を正確・迅速・低廉に作成するためには，どのような手段をとればよいか」（沼田1968，19）
について明らかにすることを帳簿組織研究の目標としている。
　沼田は，多くの簿記書で見られる主要簿と補助簿との分類について，主要簿が重要な帳簿，補助簿が補助的記入で，主要簿に比して重要でない帳簿とする見解に対して，主要簿を「複式簿記の機構を成立させている帳簿をいい，換言すれば，それを取り去ると複式簿記が成立しない帳簿」，補助簿を「複式簿記の機構とは関係なく，よって必要に応じて設定する帳簿」と定義し，その本質を明らかにするために，帳簿組織の発展過程を図表2-1のように整理している（沼田1968，106-114；沼田1973a，217-222）。
　まず①の単一仕訳帳・元帳制の段階では，特定取引についてのまとまった記入がなく，個別転記によるため転記に手数を要するという欠点があり，②の単一仕訳帳・元帳および補助簿制の段階では，まとまった記入は得られるものの，補助簿への記入分だけ手数が増えることになる。ここで，主要簿・補助簿という区分は，この②の段階における分類であり，今日ではもはや遺物であることを指摘している（沼田1973a，222）。
　ただし，これはあくまでも複式簿記を前提とした発展段階であり，現実には，

図表 2-1 帳簿組織の発展過程

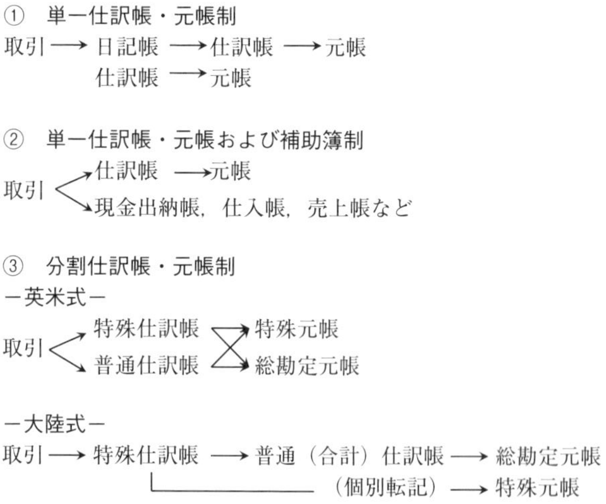

① 単一仕訳帳・元帳制
取引 ⟶ 日記帳 ⟶ 仕訳帳 ⟶ 元帳
　　　　仕訳帳 ⟶ 元帳

② 単一仕訳帳・元帳および補助簿制
取引 ⟶ 仕訳帳 ⟶ 元帳
　　　⟶ 現金出納帳，仕入帳，売上帳など

③ 分割仕訳帳・元帳制
－英米式－
取引 ⟨ 特殊仕訳帳 ⟩⟨ 特殊元帳
　　　普通仕訳帳 　　総勘定元帳

－大陸式－
取引 ⟶ 特殊仕訳帳 ⟶ 普通（合計）仕訳帳 ⟶ 総勘定元帳
　　　　　　　　　　（個別転記） ⟶ 特殊元帳

出所：沼田（1973a, 218-221）をもとに作成。

管理の必要に応じて設けられていた複数の補助簿で構成されていた単式簿記の帳簿組織から，複式簿記の導入により②へと展開したと考えるほうが自然であろう。

その後，企業規模の拡大と取引の増加，複雑化に伴い，特定取引についてのまとまった記入を得るとともに，記帳の手数を軽減するために，③分割仕訳帳・元帳制へと発展していった。沼田はこの単一仕訳帳制から分割仕訳帳制への発展過程を，次の2つの視点から整理している（沼田1968, 109-110）[1]。

1つは，一般的に言われている補助記入帳を主要簿として使用する「補助記入帳の仕訳帳化」であり，記帳の分業，仕訳の合理化を図るものである。この場合の特殊仕訳帳の本質は，その前身である補助記入帳の役割，すなわち特定取引の明細記録にあり，合計転記は副産物と考えられる。これに対してもう1つは，図表2-2の多欄式仕訳帳の特別欄が進化した「多欄式仕訳帳の分割」であり，合計転記による転記の合理化を図るものである。多欄式仕訳帳の諸口欄が普通仕訳帳となり，特別欄が特殊仕訳帳となったと解釈し，この場合の特殊仕訳帳の本質は，その前身である仕訳帳の特別欄の役割，すなわち親勘定への合計転記にある。大藪（1978, 281）は，補助記入帳の仕訳帳化という視点に立

つ場合，複数仕訳帳制と呼び，多欄式仕訳帳の分割という視点に立つ場合，分割仕訳帳制と呼んでいる。

図表2-2 多欄式仕訳帳

多 欄 式 仕 訳 帳

日付		摘要	元丁	諸 口		現 金		売掛金		商 品		買掛金	
				借方	貸方	借方	貸方	借方	貸方	借方	貸方	借方	貸方
4	1	（諸 口）	✓	1,278,760									
		（諸 口）	✓		1,278,760								
		前期繰越											
		（商 品）								45,000			
		（山本商店）	仕6										45,000
	2	（石田商店）	仕1							68,000			
		（現 金）					68,000						
	3	（営業費）	10	4,000									
		（現 金）					4,000						
	29	（東京商会）	得8					12,850					
		（商 品）									12,850		
		（備 品）	6										
		（現 金）											
		（商 品）											
		（現 金）											
	30	（現 金）											
		（商 品）											
				1,421,560	1,305,785	674,260	634,115	296,200	277,000	1,324,200	1,468,420	343,200	374,100
		（現 金）		674,260	634,115								
		（売掛金）		296,200	277,000								
		（商 品）		1,324,200	1,468,420								
		（買掛金）		343,200	374,100								
				4,059,420	4,059,420								

出所：沼田（1968, 109）。

なお，この2つの視点について『簿記教科書』を見ると，仕訳帳の分割前に元帳の分割を説いていた9訂版（沼田 1973b, 98-101）までは，②の多欄式仕訳帳の特別欄の進化として説明されていたが，10訂版（沼田 1978, 94-95）以降は多欄式仕訳帳の説明が教科書後半の特殊簿記方法の仕訳元帳として説かれ，②の補助記入帳の仕訳帳化に改訂されている。沼田はこの改訂を「学習の順序を考慮し，数章の入替えを行い，説明内容および用語の正確を期し，学習効果について一層の工夫をした」（沼田 1978, 小序 2）としている。これは，単一仕訳帳制の最大の欠点が個別転記にあるため，当初は合計転記による転記の合理化を重視していたものの，多欄式仕訳帳の欠点である紙幅の浪費，誤記入といった実務上の問題，また転記合理化の最終形態は分割仕訳帳ではなく転記なしの簿記法，すなわち仕訳元帳への展開となることによるのかもしれない。いずれにせよ，沼田簿記の製本簿における帳簿組織の最終形態は，③の分割仕訳帳・元帳制ということになる。

この分割仕訳帳・元帳制にも英米式と大陸式があるが，沼田は普通仕訳帳

と合計試算表の照合，合計転記の正確性確保のため，大陸式簿記法を推奨している。大陸式の分割仕訳帳・元帳制では，特殊仕訳帳と普通仕訳帳が「合計仕訳」によって，特殊元帳と総勘定元帳が「統制勘定」によってそれぞれ結合され，普通仕訳帳への営業取引の仕訳，総勘定元帳への個別転記は例外的な処理となる。そこで沼田は，一般的な呼称である補助元帳ではなく，理論的には特殊元帳（special ledger）と呼ぶべきであるとしている。このシステムの下では，すべてが転記関係で緊密，有機的に連携しているので，②の段階における主要簿・補助簿という区分には実質的な意味がなくなるのである（沼田1973a，221-222）。

さらに沼田は，統制勘定へは原則として合計転記，補助元帳へは個別転記となるため，仕訳帳の分割が元帳の分割の前提条件であることを強調し，仕訳帳の分割を無視して元帳の分割を説く一般的な簿記書を批判している（沼田1968，113）。

3 沼田簿記の特徴

この記帳の合理化が進んだ分割仕訳帳・元帳制にも，取引全部についての発生順記録ができないこと，そして1つの取引が関係する2つの仕訳帳への記入となる二重仕訳が生じてしまうという欠点があるが，前者の発生順の記録については，製本簿から紙片簿，そして電子帳簿[2]への移行により解決できる問題である。これに対し二重仕訳については，手書き簿記では一般的にはチェック・マークによって人為的に二重転記を回避する手法が採用されているが，さらに二重仕訳となる相手勘定について，本来は合計転記を目的として設けられる特別欄を，二重転記の回避を目的として設けることによって，二重転記の回避を確実にする手法が説かれている（沼田1973a，230-231；沼田1971，8-9）。

しかし，チェック・マークによる二重転記の回避を行っても，大陸式の場合，二重仕訳金額の削除手続を必要とするだけでなく，電子帳簿システム上も特殊な仕組みと操作を要する。そこで沼田は，アメリカで説かれていた現金仕入勘定，現金売上勘定といった精算勘定をわが国に導入した[3]。精算勘定は，取引を擬制せず事実通りに各仕訳帳に記入し，かつ二重転記の人為的な回避を不要とする手法であり，たとえば商品100を現金で仕入れた場合，

```
現金出納帳：  （借）現金仕入   100  （貸）現　　金   100
仕　入　帳：  （借）仕　　入   100  （貸）現金仕入   100
```

```
              現金仕入
   現金出納帳   100 │ 仕　入　帳   100
```

と，両仕訳帳に網掛けの親勘定の記入を省略して仕訳する。この結果，相手勘定となる精算勘定の現金仕入勘定が自動的に貸借平均し相殺され，二重転記の回避手続，二重仕訳金額の削除手続は不要となる。

また，取引の一部に現金取引あるいは当座預金取引が含まれる一部現金（当座預金を含む：以下同様）取引について，多くのテキストでは，取引を分解するか，あるいは取引を擬制して記入する処理法が説明されている。たとえば，備品 100 を購入し，代金のうち 40 を現金で支払い，残額を月末払いとした取引は，次の 2 つのいずれかで処理されている。

   第一法
      現金出納帳： （借）備　品   40 （貸）現　　金   40
      普通仕訳帳： （借）備　品   60 （貸）未払金   60
   第二法
      普通仕訳帳： （借）備　品   100 （貸）未払金   100
      現金出納帳： （借）未払金   40 （貸）現　　金   40

第一法は，取引を現金取引と非現金取引部分に分解して記帳する方法であり，第二法は五伝票制と同様に，いったん全額を未払金として計上し，直ちにその一部を決済したものと擬制して処理する方法である。

これに対して沼田（1992, 100-101）は，いずれの処理も取引について事実と異なる仕訳を行っていると批判し，取引の全貌を普通仕訳帳に事実通りに仕訳するとともに，現金取引部分について現金出納帳に仕訳する，次のような処理法を採用している。

```
   普通仕訳帳：  （借）備　品      100  （貸）現　　金 ✓    40
                                        未払金         60
   現金出納帳：  （借）備　品 ✓    40  （貸）現　　金    40
```

この処理法では，取引の一部である現金取引が普通仕訳帳と特殊仕訳帳間の

二重仕訳となるため，チェック・マークを付して二重転記の回避を行わなければならない。

このような一部現金預金取引に精算勘定を使用する処理法は一般的ではなく（大藪 1978, 342），沼田もその説明を行っていないが，精算勘定による処理も可能である[4]。上記の取引については，備品取得支出勘定という精算勘定を使った次のような処理が考えられる。

普通仕訳帳：　（借）備　　　　品　100　（貸）備品取得支出　40
　　　　　　　　　　　　　　　　　　　　　　未　払　金　60
現金出納帳：　（借）備品取得支出　40　（貸）現　　　　金　40

備品取得支出		
現金出納帳　40	普通仕訳帳　40	

同様に，受取手形 100 を割引料 10 で割り引いた取引も，

普通仕訳帳：　（借）手形割引収入　90　（貸）受　取　手　形　100
　　　　　　　　　支払割引料[5]　10
当座勘定出納帳：（借）当　　　座　90　（貸）手形割引収入　90

と処理すれば，手形割引収入勘定は貸借平均し相殺されるので，二重仕訳・転記を回避することができる。

なお，この手形の割引について，精算勘定を使用せず取引の全貌を普通仕訳帳に事実通りに仕訳する処理を行った場合，大陸式簿記法の合計仕訳において，二重仕訳部分に関する複雑な処理が必要となる（泉 2008, 135）。たとえば，当座勘定出納帳からの預入高（合計 300）の合計仕訳は，単純化のため金額欄に諸口欄（合計 100），特別欄として受取手形欄（合計 200）のみを設けていた場合，当月中に受取手形 100 を割引料 10 で割り引いていたとすると，

　　　（借）当　　　座　300　（貸）諸　　口　✓　100
　　　　　　　　　　　　　　　　　受取手形　　　110
　　　　　　　　　　　　　　　　　受取手形　✓　 90

となる。なぜなら，受取手形 200 のうち 110 については通常の手形の決済であるため合計仕訳によって合計転記が行われるが，割引高の 90 については割引時に普通仕訳帳から 100 が受取手形勘定に個別転記されており，二重転記を回避するために除外する必要があるからである。これに対して精算勘定を使用す

れば，手形割引収入勘定は諸口欄に含まれるので，合計仕訳は

(借) 当　　　座　　　300　(貸) 諸　　口 ✓　190
　　　　　　　　　　　　　　　　受取手形　　110

となり，手形割引収入勘定は，普通仕訳帳，当座勘定出納帳からそれぞれ個別転記され，自動的に精算される。

このように，精算勘定は事実通りの記入を行いながらも二重仕訳を回避することによって，二重転記を人為的ではなく機械的に回避できる合理的な処理法であり，沼田簿記の特徴でもあるが，残念ながらそれほど普及しなかったようである（安平1992, 190；中村・大藪1997, 150-151）。

4　おわりに

　以上，沼田簿記における帳簿組織の特徴を見てきた。簿記には，財務諸表を作成するための記録と，日常の取引の把握と財産・損益の管理に必要な記録があり，前者は「決算中心の簿記」，後者は「会計管理のための簿記」であるが，主要簿・補助簿というのは前者の観点からの分類であり，後者の観点から考えると主従は逆転する（岩田1955, 10-12）。両者は同一の記録によってその目的が果たされることも多いが，多くの補助簿に見られる財務諸表の作成には不要であるが管理のために必要な記録と，決算整理に見られる管理のための記録のままでは財務諸表の作成には役立たない記録がある（沼田1968, 11-12）。

　沼田が手書き簿記の最終形態とする大陸式の分割仕訳帳・元帳制は，単式簿記を複式簿記に取り込むことによって両者の目的を統合したシステムである。とくに，すべての取引を普通仕訳帳において俯瞰し，合計試算表による照合，残高勘定により複式記入が完結するシステムは理論的で，簿記教育上も英米式の理解に有用である（Dicksee 1906, 56, 69）。

　残念ながら近年，簿記教育の世界では分割仕訳帳・元帳制の地位が低下し，一部の検定試験では実務では用いられないという理由で試験範囲から除外されてしまった[6]。しかし，特殊仕訳帳制ではない old fashioned の単一仕訳帳・元帳および補助簿制という帳簿組織も実務ではほとんど見られない。会計システム上は，仕訳伝票あるいは単一仕訳帳制のように見えても，現実の入力内容と

しては，特殊仕訳帳に記入すべき詳細なデータがインプットされ，そのデータベースから各種の目的に必要な情報がアウトプットされるシステムとなっている。

　ただし，帳簿組織の発展は，記帳量の増大と記帳能力の有限性という相対立した矛盾を解決する記帳労力の節約の所産である（木村1934, 59）。理論的な形式美だけでなく，記帳労力の節約，今日のITの進展をどこまで受け入れるかを検討する必要があろう。たとえば，手書き簿記時代には誤謬の防止，記帳の検証という重要な役割を担っていた合計仕訳，普通仕訳帳と合計試算表の照合は果たして必要なのか，また手書き簿記時代の合計転記というバッチ処理だけでなく，リアルタイムの個別転記ができることにも触れる必要があろう。さらに，二重仕訳取引について二重仕訳を行うことはさておき，精算勘定を利用するよりも，売上帳，仕入帳には掛取引のみを記入し，現金預金取引については，現金出納帳，当座勘定出納帳への記入という英米で行われている処理を採用すべきかもしれない。確かに手書き簿記時代には，各仕訳帳が独立しているため同種取引を1つの帳簿で俯瞰する必要があり，二重仕訳となっていたのかもしれないが，インプットしたデータを必要に応じてアウトプットできる現状を考えると，これは手書き簿記を前提とした単一仕訳帳・元帳および補助簿制時代の遺物とも考えられる。

　これからの帳簿組織のあり方を考えるときに，帳簿組織全体の仕組みを可視化して理解できる分割仕訳帳・元帳制は，IT化を踏まえた修正は必要であるが，なくなることはない。会計システムに求められているのは，財務諸表データだけでなく，補助簿で提供される会計管理のための情報だからである。財務会計の基礎としての複式記入を教育するだけでなく，帳簿記入としての"簿記"を教育するのであれば，分割仕訳帳・元帳制の理解が不可欠であるし，会計システムの設計，利用においても論を俟たない。

●注

1　出典は示されていないが，おそらくSpragueの影響によるものと考えられる。Sprague（1922, par. 264）によれば，仕訳帳の発展には，分割し特殊化した帳簿の導入と分割し特殊化した金額欄の導入という2つの系統があるとされる。
2　沼田は機械簿，機械会計システムと呼んでいるが，本章では電子帳簿，電子帳簿システムとした。
3　これも出典は示されていないが，Sprague（1922, par. 112-113），Paton（1955, 1195）の影響によるものと考えられる。clearing accountsという用法はPatonの文献に見られる。なお，Bryant et al.（1860）ではneutralizing accountsとして，わが国の5伝票制と同様に掛取引（人名勘定）に擬制する方法で二重転記を回避する処理が説かれている。久野（1985, 297-298）も参照。
4　安平（1992, 194-196）でも同様の処理が説かれている。
5　実務では手形売却損勘定が使われているが，これまでの慣習を重視し，支払割引料勘定を使用した。
6　"簿記"検定ではなく企業会計検定，財務会計検定であれば，帳簿の書き方の教育は不要であり，近年の英米のテキストで見られるT勘定，略式の仕訳で十分であろう。

●参考文献

Bryant, H. B., H. D. Stratton and S. S. Packard（1860）*Bryant & Stratton's National Book-keeping*, New York : Ivison, Blakeman, Taylor & Company.
Dicksee, L. R.（1906）*Bookkeeping for accountant students*, 5th ed., London : Gee & Company.
Paton W. A.（1955）*Accountants' Handbook*, 3rd ed., New York : Ronald Press.
Sprague, C. E.（1922）*The Philosophy of Accounts*, 5th ed., New York : Ronald Press.
泉宏之（2008）『簿記論の要点整理（第6版）』中央経済社。
岩田巌（1955）「二つの簿記学—決算中心の簿記と会計管理のための簿記—」『産業經理』第15巻第6号，8-14頁。
大藪俊哉（1978）『簿記の計算と理論』税務研究会。
木村和三郎（1934）「帳簿組織の歴史的発展」『會計』第35巻第1号，56-76頁。
久野光朗（1985）『アメリカ簿記史』同文舘出版。
中野常男（2007）『複式簿記の構造と機能』同文舘出版。
中村忠・大藪俊哉（1997）『簿記の問題点をさぐる（改訂版）』税務経理協会。
沼田嘉穂（1968）『帳簿組織』中央経済社。
―――（1971）『完全簿記教程Ⅱ』中央経済社。
―――（1973a）『現代簿記精義』中央経済社。
―――（1973b）『簿記教科書（9訂版）』同文舘出版。
―――（1978）『簿記教科書（10訂版）』同文舘出版。
―――（1992）『簿記教科書（5訂新版）』同文舘出版。
安平昭二（1992）『簿記 その教育と学習』中央経済社。

（原　俊雄）

第3章 井上簿記における帳簿組織

1 はじめに

　わが国の簿記学は，周知のように，戦前は吉田良三，戦後は沼田嘉穂が中心になって発展してきたといわれている（中村・大藪1987, 2）。さらに，中村（2003）では，両名のほかに，簿記学に大きな影響を与えた先達として井上達雄の名前が挙げられており，井上簿記の特徴は財表的簿記であることが指摘されている。すなわち，「簿記は，企業会計原則や財務諸表等規則に従った財務諸表が作れるように取引を処理しなければならない」（中村2003, 121-122）と考えられており，「沼田説と比較してみると，井上博士は簿記学と会計学の区別をあまり意識しなかったのではないかと思われる」（中村2003, 122）と分析されている。

　井上簿記の特徴をこのように理解するならば，その主眼は財務諸表の作成にあり，財務諸表の作成と直接的な関係を有する主要簿に比し，補助簿の位置づけは相対的に低いものとなろう。しかし，井上簿記では果たして財務諸表の作成のみが簿記の目的と考えられているのであろうか。換言すれば，帳簿組織は財務諸表の作成のみを目的として構成されているのであろうか。このような問題意識の下，本章では，財表的簿記と特徴づけられている井上簿記における帳簿組織の意義を明らかにすることを目的とする。

　なお，中村（2003）では，井上簿記を象徴する文献として1964年に公刊さ

れた『高等簿記論』ないし1973年に公刊された『現代高等簿記論』が紹介されている。そこで，本章では，井上の上記著書の新版である，1983年に公刊された『新高等簿記論』に加え，中村（2003）において言及されていなかった井上の著書をもとに，井上簿記における帳簿組織を論じることとしたい。追加的に本章で取り上げる文献は，1948年に公刊された『簿記組織論』，1975年に公刊された『新講 簿記論』および1977年に公刊された『現代商業簿記』である。

本章の構成は次のとおりである。次節ではまず，井上簿記における簿記の意義，職能および目的を明らかにする。第3節では，帳簿の改良について概観する。第4節では，帳簿組織の全体像およびその特徴を示す。第5節において，井上簿記における帳簿組織の簿記学的意義を明らかにする。

2　簿記の意義，職能および目的

まず，井上簿記における簿記の意義について確認しておく。井上は簿記を広義に捉える考え方と狭義に捉える考え方の2つを提示している。前者の考え方では，簿記は「特定の経済主体に属する財産の増減変化を帳簿に記録し計算すること」（井上 1975，4）と理解される。それに対し，後者の考え方では，簿記は「経営成果を算定するために，企業に属する財産の増減変化をその原因結果につき，勘定形式をもって記録計算する計算制度」（井上 1975，5）と理解される。より正確には，簿記は「経営成果（成績）を算定するために，企業に属する財産とその資金源泉につき，それらの増減変化を記録計算整理する計算制度」（井上 1977，2）と考えられている。

上記から明らかなように，簿記を広義に捉える考え方では，簿記は，企業はもちろんのこと，官庁，財団，家計などのように消費生活を営む消費経済までも含んだ何らかの経済主体に利用され，その本質は財産の増減変化の記録と理解される。一方，簿記を狭義に捉える考え方では，簿記は，給付を生産し，これを第三者に提供することを目的とする生産経済である企業に利用され，その本質は，財産の増減変化の記録とともに「価値費消（費用）と価値獲得（収益）との比較計算によって利益を計算（損益計算）する」（井上 1975，5）ことと理解される。

以上を踏まえ，井上は簿記の4つの職能を導出する。すなわち，①記録職能，

②計算職能，③財産保全の職能，そして④経営管理の職能である（井上1975，6-7）。

　まず，簿記の記録職能は，日々発生する経済事象すなわち取引を，発生順的，歴史的にその取引の証憑書類に基づき帳簿へ記入することで，取引の発生を根拠づけ明らかにすることができる点から導かれる。次に，簿記の計算職能は，財産および資本の増減変化をその原因結果に従って記録，計算，整理することで，その結果を損益計算書および貸借対照表を作成することにより明らかにすることができる点から導かれる。

　さらに，簿記の財産保全の職能は，企業に属するすべての財産が各項目別に帳簿に記録され，その増減変化が計算されることから，そこから明らかになる帳簿上の残高と実際の残高を比較し，不一致が生じた場合にはその差異の生じた原因を調査することができる点から導かれる。最後に，簿記の経営管理の職能は，簿記によって計算し作成した財務諸表により，過去の経営活動の成果および能率を知り，将来の経営合理化等の参考にすることができるとともに，たとえば，得意先元帳から売掛金の年齢調べ等を通じて，貸倒れの防止手段を講じ，取立ての能率化に資する等，補助簿を個別財産の管理に役立てることができる点から導かれる。

　一方，井上は，簿記の目的として，①財産保全目的，②財務報告の作成と伝達目的，そして③経営管理目的の3つを挙げている（井上1977，2-5）。上記の簿記の4つの職能に照らすならば，財産保全の職能が財産保全目的に対応し，計算職能が財務報告の作成と伝達目的に対応し，経営管理の職能が経営管理目的に対応していることが明らかとなる。他方，簿記の3つの目的と明示的な対応関係にない記録職能は，他の3つの職能を通じ，それぞれの目的を達成するための本源的な職能であると考えることができよう。

　以上から，井上簿記においては，簿記の記録職能が本源的な職能と位置づけられていると考えられ，他の3つの職能を通じて，簿記の3つの目的，すなわち，財産保全目的，財務報告の作成と伝達目的，そして経営管理目的が達成されることが明らかとなった。さらに，財産保全目的と経営管理目的は広義に解釈すれば「管理目的」ということができることから，要約すれば，簿記の目的として管理目的（管理のための簿記）と財務諸表作成目的（財務諸表作成のための簿記）が掲げられているといえよう。このように，中村（2003）において井

上簿記が財表的簿記であることが指摘されていることから，財務諸表作成目的が重視されていたことは明らかであるが，それとともに管理目的もまた簿記の目的として重視されていたと考えられる[1]。

3　帳簿の改良

　帳簿は大きく主要簿と補助簿に分けられる。主要簿は損益計算および財政状態計算を遂行するために必要とされる帳簿であり，仕訳帳および総勘定元帳から成る。それに対し，補助簿は経営の遂行および管理のために個別的に詳細な記録を行う帳簿であり，補助記入帳，補助元帳，および特定の勘定と関係を有しないその他の補助簿（たとえば，注文控帳，注文受帳，手形期日帳，株券台帳，株主名簿など）から成る。
　財表的簿記という観点からは，仕訳帳と総勘定元帳という主要簿が主たる関心事となる。しかしながら，上述のように，井上簿記においては，管理目的もまた重視されていると考えられ，簿記の財産保全の職能および経営管理の職能を通じて，財産保全目的および経営管理目的が達成される。それゆえ，本章では特に補助記入帳および補助元帳という補助簿が主たる関心事となる[2]。
　井上簿記における補助簿の意義を明らかにするにあたって注目されるべき点は，やはり帳簿の改良に関する井上の見解であろう。すなわち，仕訳帳の改良と元帳の改良に関する井上の見解を検討することで，補助簿の意義が明らかになると考えられる。そこで，以下では，仕訳帳の改良と元帳の改良について概観する。
　井上は帳簿の改良を論じる際に2つの観点を提示する。ひとつは「金額欄の分割」であり，いまひとつは「帳簿の分割」である。前者の観点の下では，特殊金額欄の進化から多桁仕訳帳および多桁式元帳が導出される。後者の観点の下では，仕訳帳が分割され特殊仕訳帳が，元帳が分割され補助元帳および特殊元帳（独自平均元帳）が導出される。以下では，上記2つの観点に基づき，仕訳帳の改良と元帳の改良それぞれについて確認する。
　まず，井上は仕訳帳の改良について論じている。前者の「金額欄の分割」という観点から多桁仕訳帳が導出される（井上 1975, 215-217；井上 1977, 213-215；井上 1983, 256-257）。多桁仕訳帳とは仕訳帳の借方貸方の金額欄を数個に

分割したものであり，営業上，最も頻繁に発生する種類の取引に関する勘定科目に対して特殊金額欄を設け，本来の金額欄を諸口欄とする。このような形式とすることにより，仕訳帳の普通形式による場合の個別転記の煩雑さが回避され，総括転記（合計転記）が可能となる。

　さらに，後者の「帳簿の分割」という観点から特殊仕訳帳が導出される（井上 1975, 217-220；井上 1977, 215-230；井上 1983, 261-277）。特殊仕訳帳とは，従来，補助記入帳として使用していたものを総勘定元帳記入の前段階的帳簿とみなし，仕訳帳としての機能を負わせたものである。分割仕訳帳制では，本来の仕訳帳（普通仕訳帳または一般仕訳帳）は特殊仕訳帳への記録以外の取引のみを取り扱うことになる。したがって，特殊仕訳帳に記入した取引を直接元帳の勘定に転記することで，仕訳帳へ二重に記入し，これを転記するという2つの手数が省かれることになる。

　以上のように，井上簿記では，仕訳帳の改良として「金額欄の分割」という観点から多桁仕訳帳が，「帳簿の分割」という観点から特殊仕訳帳が導出され整理されている。そして，この両者が統合された多桁特殊仕訳帳の具体例として，多桁現金出納帳，多桁仕入帳，多桁売上帳が提示されている。上記3つの多桁特殊仕訳帳は図表3-1のとおりである。

図表3-1　多桁特殊仕訳帳

現　金　出　納　帳

年月日	科目	摘要	元丁	諸口	売上	売掛金	年月日	科目	摘要	元丁	諸口	仕入	買掛金

仕　入　帳

年月日	送状番号	摘要	元丁	諸口	買掛金

売　上　帳

年月日	送状番号	摘要	元丁	諸口	売掛金

出所：井上（1975），218-220；井上（1977），220-229。

次に，元帳の改良について，井上は「金額欄の分割」という観点から多桁式元帳に触れているものの，それは元帳の特殊形式のひとつとして取り扱われているにすぎず（井上1977, 247-248），元帳に関してはもっぱら「帳簿の分割」という観点から補助元帳と独自平均元帳が論じられている。

　井上は，まず，「帳簿の分割」という観点から補助元帳を導出する（井上1975, 221；井上1977, 241-244）。補助元帳制では，元帳から人名勘定その他同種同性質の勘定群を取り出して，これを補助元帳に収容する一方で，各補助元帳を総括し代表する統括勘定（統制勘定）が総勘定元帳に設けられる。その場合，総勘定元帳における統括勘定は，補助元帳内の全勘定の合計と常に貸借一致する関係にある。したがって，補助元帳の記録は，総勘定元帳の対応する統括勘定の記録と照合して，その正否を検証することができる。

　さらに，井上は，「帳簿の分割」という観点から補助元帳を一歩進めて独自平均元帳を導出する（井上1975, 222；井上1977, 245-246；井上1983, 278-286）。というのも，企業活動は複雑化，専門化，さらには部門化していく傾向にあり，各部門はその独立性を強めてくることから，補助元帳整理係が総勘定元帳係から独立化され，あるいは物理的に遠隔の場所に移転されることがあるため，補助元帳における記帳の正否検証が困難になると考えられたからである（井上1948, 207-208）。

　独自平均元帳制では，補助元帳に整理勘定（照合勘定または均整勘定）が設けられ，これに総勘定元帳の統括勘定と同一内容の記録が貸借反対に記帳される。つまり，補助元帳における整理勘定は，補助元帳内の全勘定の合計と常に貸借反対で一致する関係にある。したがって，補助元帳独自において試算表を作成することができ，正否を確かめることができる。さらに，独自平均元帳となった補助元帳は，総勘定元帳と対等の地位にまで引き上げられ主要元帳に編入されることから，もはや補助元帳ではなく，特殊元帳と位置づけられる。井上（1977）では，得意先元帳と仕入先元帳が例に挙げられ，独自平均元帳制における整理勘定と統括勘定の関係性が図表3-2のように説明されている。

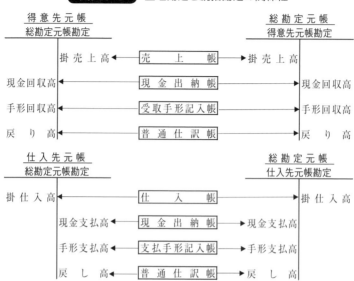

図表3-2 整理勘定と統括勘定の関係性

出所：井上（1977），245。

ここで，独自平均元帳制の理解のために，井上（1983）で提示されている設例を確認しておこう。

＜設例3＞

当商会は仕訳帳を現金出納帳，仕入帳，売上帳および普通仕訳帳に分割し，元帳を一般元帳（総勘定元帳），得意先元帳および仕入先元帳に分割して，おのおの独自平均元帳としている。なお，現金出納帳には売掛金，買掛金および割引の金額欄，仕入帳には買掛金の金額欄，そして売上帳には売掛金の金額欄が設けられている。

（取引）

10月1日　現金500,000円，備品50,000円および借入金150,000円をもって売買業を開始する。

　　3日　東商会から商品400,000円を買入れ，300,000円は現金で支払い，残額は掛とする。

5日　西商会から商品 300,000 円を掛で買入れ，引取運賃 10,000 円を現金で支払う。

8日　甲商店に商品 250,000 円を売渡し，50,000 円は現金で受入れ，残額は掛とする。

10日　乙商店に商品 200,000 円を試用販売として引渡す。

12日　南商会から商品 300,000 円を買入れ，同店宛約束手形を振出し，交付する。

15日　丙商店に商品 150,000 円を売渡し，代金として当店受取，A 商店宛為替手形を未引受のまま受取る。

17日　A 商店宛為替手形 150,000 円を A 商店に呈示し，引受を受く。

20日　東商会に同店受取，甲商店宛為替手形 100,000 円を振出し，未引受のまま交付する。

22日　西商会に買掛金のうち 200,000 円を 2％の割引を受けて，現金で支払った。

23日　甲商店から売掛金のうち 100,000 円を 2％の割引をなして，小切手で回収した。

24日　乙商会から去る 10 日引渡の試用販売品につき，100,000 円買入の通知とともに残品を返送してきた。

30日　営業費として 80,000 円を支払った。

　上記諸取引のうち，独自平均元帳である得意先元帳および仕入先元帳に関連するものは，3日，5日，8日，15日，17日，20日，22日，23日および24日の取引である。したがって，得意先元帳および仕入先元帳は図表3-3のように作成される。

　図表3-3から明らかなように，現金出納帳，仕入帳，売上帳および普通仕訳帳から得意先元帳および仕入先元帳における各人名勘定には個別転記が行われる。その際，得意先元帳および仕入先元帳における一般元帳勘定（整理勘定）には，各人名勘定への転記と貸借反対に転記する。ただし，本設例では，現金出納帳には売掛金および買掛金の金額欄，仕入帳には買掛金の金額欄，そして売上帳には売掛金の金額欄が設けられていることから，これらについては月末にそれぞれから得意先元帳および仕入先元帳における一般元帳勘定に総括転記

図表3-3 得意先元帳および仕入先元帳

```
                          得 意 先 元 帳
                            甲 商 店                                    1
   10/8 売      上  売1  200,000 | 10/20 買掛金(東商会)  1  100,000
                                      23 諸       口  現1  100,000
                            乙 商 店                                    2
   10/24 売     上  売1  100,000 |
                            丙 商 店                                    3
   10/15 売     上  売1  150,000 | 10/17 受 取 手 形   1  150,000
                          一 般 元 帳 勘 定                              4
   10/17 受 取 手 形  1  150,000 | 10/31 売  上  帳 売1  450,000
      20 買     掛  金  1  100,000 |
      31 現 金 出 納 帳 現1  100,000 |


                          仕 入 先 元 帳
                            東 商 会                                    1
   10/20 売掛金(甲商店) 1  100,000 | 10/3 仕      入  仕1  100,000
                            西 商 会                                    2
   10/22 諸      口  現1  200,000 | 10/5 仕      入  仕1  300,000
                            南 商 会                                    3
                                  |
                          一 般 元 帳 勘 定                              4
   10/31 仕      入  仕1  400,000 | 10/20 売掛金(甲商店)  1  100,000
                                      31 現 金 出 納 帳 現1  200,000
```

出所：井上（1983），283-284。

が行われる。結果として，得意先元帳および仕入先元帳における一般元帳勘定には，現金の収支を伴わない得意先元帳および仕入先元帳における各人名勘定の「減少」の記録だけが貸借反対に個別転記されるのに対し，現金の収支を伴う得意先元帳および仕入先元帳における各人名勘定の「減少」の記録と，得意先元帳および仕入先元帳における各人名勘定の「増加」の記録は，貸借反対に総括転記されることになる。

さらに，独自平均元帳である得意先元帳および仕入先元帳では，一般元帳における統括勘定と照合することなく，それぞれの元帳独自で合計試算表が作成され，補助元帳記入の正否を確かめることができる。図表3-3をもとにした得意先元帳合計試算表および仕入先元帳合計試算表は図表3-4のように作成される。

図表3-4 得意先元帳合計試算表および仕入先元帳合計試算表

得意先元帳合計試算表

借方	勘定科目	貸方
200,000	1 甲　商　店	200,000
100,000	2 乙　商　店	
150,000	3 丙　商　店	150,000
350,000	4 一 般 元 帳 勘 定	450,000
800,000		800,000

仕入先元帳合計試算表

借方	勘定科目	貸方
100,000	1 東　商　会	100,000
200,000	2 西　商　会	300,000
0	3 南　商　会	0
400,000	4 一 般 元 帳 勘 定	300,000
700,000		700,000

出所：井上(1983), 286。

　図表3-4から明らかなように，得意先元帳合計試算表および仕入先元帳合計試算表ともに合計額が貸借一致していることから，補助元帳への記入が正確に行われていたということができる。

4　井上簿記における帳簿組織

　前節では，井上簿記における帳簿の改良，具体的には仕訳帳の改良および元帳の改良それぞれについて概観してきた。上述のように，井上は「金額欄の分割」と「帳簿の分割」という2つの観点から帳簿の改良について分析・整理を行っており，仕訳帳の改良として多桁特殊仕訳帳を，元帳の改良として特殊元帳（独自平均元帳）を導出していた。これまでの内容を踏まえれば，井上簿記における帳簿組織の全体像は図表3-5のように表すことができる。

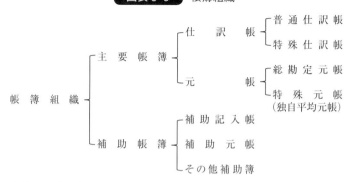

図表 3-5　帳簿組織[4]

出所：井上（1948），238-239をもとに筆者作成。

　しかしながら，前者の多桁特殊仕訳帳は今日の簿記教育でも広く扱われているものと考えられるが，後者の独自平均元帳は実務で行われたことはなく（中村・大藪1987，53），「貸借平均の原理に必要以上にこだわった小手先細工である」（中村・大藪1987，5）といわれている。というのも，補助元帳記入の正確性の検証にあたっては，上述のように，「補助元帳の勘定の金額合計を算出し，これと当該統制勘定（統括勘定—筆者）の金額とを照合し，その一致を確かめればよい」（沼田1992，113）と考えられるからである。

　一方で，本章で取り上げた井上（1975），井上（1977）および井上（1983）のいずれにおいても独自平均元帳は取り扱われていた[5]。さらに，井上は，図表3-5からも明らかなように，補助元帳を独自平均元帳制により特殊元帳とすることで主要元帳と位置づけている。すなわち，従来，補助簿と位置づけられていた補助元帳を主要元帳とすることで主要簿化を図っている。とするならば，井上簿記における帳簿組織の特徴は，独自平均元帳制により補助元帳の主要簿化を図っている点に見出すことができよう。

5　簿記学的意義

　本章での検討によれば，井上簿記が財表的簿記と特徴づけられていることから，簿記の目的として財務報告の作成と伝達目的，つまり財務諸表作成目的が重視されていることは明らかであったが，財産保全目的ないし経営管理目的を

含めた広義の管理目的もまた重視されていた。このように財務諸表作成目的とともに管理目的も重視されているという点は，井上が提示した前節の帳簿組織にも表現されていると考えられる。すなわち，得意先元帳および仕入先元帳という補助元帳を独自平均元帳制により特殊元帳としている点に，言い換えれば，独自平均元帳制により補助元帳を主要元帳とし総勘定元帳と対等の地位にまで引き上げ主要簿化している点に，管理目的もまた財務諸表作成目的とともに重視されていることが表現されているといえよう。

　しかしながら，そもそも主要簿・補助簿という分類は，「前者が重要な帳簿，後者が補助的な帳簿という意味ではなく，複式簿記の機構を成立させている帳簿，すなわち，これを取り去ると複式簿記が成立しない帳簿か，複式簿記の機構に関係なく，必要に応じて設けられる帳簿かという観点から行われる」（原 2003, 111）。したがって，独自平均元帳制により補助元帳を主要元帳とし，補助元帳の主要簿化を図るといっても，独自平均元帳となった特殊元帳が総勘定元帳の機能の一部を担うことのない以上，本来的な意味で主要簿化したことにはならないと考えられる。この点が主要簿化した特殊仕訳帳との大きな違いであろう。

　それでは，独自平均元帳制それ自体に何か簿記学的な意義が認められないだろうか。そこで，注目すべきは得意先元帳および仕入先元帳の性格である。というのも，そもそも得意先元帳および仕入先元帳が人名勘定から出発していることからすれば，新田（2014）で明らかにされているように[6]，上記2つの補助元帳が管理すべき対象は各得意先および各仕入先に対する正味の債権額および債務額となるはずである。すなわち，各得意先に対する正味の債権額を把握するにあたっては，得意先元帳には売掛金のみならず前受金も考慮されていなければならず，また，各仕入先に対する正味の債務額を把握するにあたっては，仕入先元帳には買掛金のみならず前払金も考慮されていなければならない。「得意先」元帳および「仕入先」元帳の管理の対象をこのように理解するならば，両補助元帳への記入の正確性は，総勘定元帳における単なる売掛金勘定および買掛金勘定との金額の照合のみで検証することはできない[7]。

　総勘定元帳における売掛金勘定および買掛金勘定の金額と，得意先元帳および仕入先元帳における各得意先および各仕入先に対する正味の債権額および債務額の合計額との不一致は，総勘定元帳で使用される勘定の性格が物的勘定で

あるのに対し[8]、得意先元帳および仕入先元帳は人名勘定から出発していることに由来している。すなわち、財務諸表作成を主眼に置く総勘定元帳における売掛金勘定および買掛金勘定という物的勘定の金額と、管理を主眼に置く得意先元帳および仕入先元帳における正味の債権および債務という人名勘定の金額を照合しようとしている点に齟齬が生じていたと考えられる。

このように、各得意先および各仕入先に対する正味の債権額および債務額を管理する得意先元帳および仕入先元帳への記入の正確性は、本来的に総勘定元帳における売掛金勘定および買掛金勘定との金額の照合では検証することができない。一方、独自平均元帳制によれば、得意先元帳および仕入先元帳に整理勘定を設けることにより、補助元帳のみで元帳記入の正確性を検証することができる。すなわち、独自平均元帳制とは、各得意先および各仕入先に対する正味の債権額および債務額の管理を前提にした、補助元帳記入の正確性を検証するシステムであるとも考えられよう。この点にこそ、簿記学上、独自平均元帳制の意義が認められるといえるのではないだろうか。

6 おわりに

本章では、中村（2003）において財表的簿記と特徴づけられていた井上簿記において、果たして財務諸表の作成のみが簿記の目的として措定されているのであろうか、言い換えれば、帳簿組織は財務諸表の作成のみを目的として構成されているのであろうか、という問題意識の下、井上簿記における帳簿組織の意義について考察してきた。

井上簿記が財表的簿記と特徴づけられていることから、簿記の目的として財務報告の作成と伝達目的、すなわち財務諸表作成目的が重視されていることは明らかであったが、本章での検討において、財産保全目的ないし経営管理目的を含めた広義の管理目的も同様に重視されていることが明らかとなった。このように財務諸表作成目的のみならず管理目的もともに重視されているという点は、井上が独自平均元帳制により補助元帳を主要元帳とし総勘定元帳と対等の地位にまで引き上げ主要簿化を図っていることからも裏づけられると考えられた。

しかし、そもそも主要簿・補助簿という分類は、複式簿記の機構を成り立

せる帳簿か否かによって決定されるものである。とするならば，結局のところ，独自平均元帳制によったとしても，補助元帳が総勘定元帳の機能の一部を担うことができない以上，本来的な意味で主要簿化されたということはできなかった。そこで，簿記学的な観点から独自平均元帳制の意義を考察した結果，独自平均元帳制には，各得意先および各仕入先に対する正味の債権額および債務額の管理を前提にした，補助元帳記入の正確性を検証するシステムとしての意義が認められると考えられた。

かつて岩田巌は，「二つの簿記学」として「決算中心の簿記」と「会計管理のための簿記」を峻別し後者の重要性を説いていた。これまでの検討から明らかなように，井上もまた，「財務諸表作成のための簿記」のみならず「管理のための簿記」を追求していたということができよう。

● 注

1　簿記の4つの職能のうち，財産保全の職能と経営管理の職能を広義の「管理職能」と解するならば，簿記の職能は，①記録職能，②計算職能，そして③管理職能に大別することができる。これらいずれの職能を重視するかにより，簿記の性格を証拠簿記，財表（的）簿記，そして管理簿記に分類することができよう。上記の簿記の分類および証拠簿記の重要性に関しては，本書第9章を参照されたい。
2　ただし，上記の財産保全目的および経営管理目的を総括した「管理目的」という観点からすれば，厳密には補助簿のみならず財務諸表を作成するための主要簿も検討の対象となる。しかし，本章では，財産保全目的のみならず経営管理目的においても言及されていた補助簿による個別財産の管理という側面を特に重視して，井上簿記の補助簿に注目する。
3　本設例とその解答については，井上（1983）の仮設例のうち，必要な部分のみを抜き出している。帳簿組織の全容については同書279-286頁を参照されたい。
4　井上（1948）では，企業組織の複雑化に応じて計6つの帳簿組織の形態が提示されており，図表3-5はそのうち5番目のものを表している。6番目のものと本章で提示した5番目のものでは，秘密仕訳帳および秘密元帳が付加されている点が相違するのみであるので，本章では5番目のものを紹介している。
5　なお，井上が独自平均元帳を取り上げる以前にも，吉田良三が『改訂増補 近世簿記精義』にて独自平均元帳を取り上げている（吉田1925, 194-197）。
6　詳しくは，新田（2014），2-3頁を参照されたい。
7　もちろん，総勘定元帳における売掛金勘定の金額から前受金勘定の金額を差し引き，また，総勘定元帳における買掛金勘定の金額から前払金勘定の金額を差し引き，正味の債権額および正味の債務額を算定すれば，総勘定元帳との照合により補助元帳記入の正確性を検証することはできる。しかしながら，後述するように，このような計算操作を必要とする点に，そもそも矛盾を孕んでいるとも考えられよう。
8　詳しくは，新田（2013）を参照されたい。

●参考文献

井上達雄（1948）『簿記組織論』森山書店。
―――（1975）『新講 簿記論』中央経済社。
―――（1977）『現代商業簿記』全訂版，中央経済社。
―――（1983）『新高等簿記論』白桃書房。
岩田巌（1955）「二つの簿記学―決算中心の簿記と会計管理のための簿記―」『産業經理』第15巻第6号，8-14頁。
中村忠（2003）『会計学風土記』白桃書房。
中村忠・大藪俊哉（1987）『対談 簿記の問題点をさぐる』改訂版，税務経理協会。
新田忠誓（2013）「帳簿と勘定の意味―とくに資産負債アプローチの視点から―」『會計』第184巻第5号，1-14頁。
―――（2014）「仕訳帳と簿記の論理再考」『會計』第186巻第3号，1-11頁。
沼田嘉穂（1992）『簿記教科書』五訂新版，同文舘。
原俊雄（2003）「簿記学の対象」『企業会計』第55巻第5号，110-112頁。
吉田良三（1925）『改訂増補 近世簿記精義』同文舘。

（金子善行）

第Ⅱ部

帳簿組織の現在

第 4 章 アメリカの大学教育における帳簿組織
　　　　―The University of Portland の事例に依拠して―
第 5 章 イギリスの大学教育における帳簿組織
第 6 章 ドイツの大学における簿記教育の現状
　　　　―FAU の事例―
第 7 章 フランスにおける帳簿組織とコンピュータ環境における展開
第 8 章 オランダ簿記における帳簿組織
　　　　―2つの高等教育に寄せて―

第4章

アメリカの大学教育における帳簿組織
―The University of Portland の事例に依拠して―

1 はじめに

　アメリカにおける会計学の知名度は高い。たとえば，全米大学・雇用者協会（NACE）が行った企業の採用担当者が2017年卒業生に求める学位ランキングにおいて，会計学は，学士で2位にランクインしている[1]。同様の傾向が，オレゴン州においても見られる。The Oregonian 紙が行ったオレゴン州における最も価値ある学士号ランキングにおいて，会計学は9位にランクインしている[2]。これらの調査結果は，アメリカの大学における会計学教育の知名度が実業界において高いことを示唆している。それでは，アメリカの大学において，どのような会計学教育が行われているのであろうか。とりわけ，アメリカの大学ではどのような帳簿組織を前提とした簿記教育が行われているのであろうか。
　この調査にあたっては，インタビュー調査の協力が得られる The University of Portland を対象とした[3]。本大学の会計学（学部）の講座は次の図表4-1のとおりである。
　図表4-1が示すように，本大学の会計学の講座には，簿記（Bookkeeping）という科目は存在しない。ただし，同大学の講義担当者に対するインタビュー調査によると，アメリカでは，簿記は Accounting System あるいは Accounting Method として，会計学の初級講座（The University of Portland では Financial Accounting）で取り上げられている。そこで，本章では，The University of

第4章　アメリカの大学教育における帳簿組織―The University of Portland の事例に依拠して―　◆　61

図表 4-1　ポートランド大学の会計学講座（学部）

	講座名	
ビジネス基礎初級	Financial Accounting	Managerial Accounting
専門必修	Intermediate Accounting Ⅰ	Intermediate Accounting Ⅱ
	Cost Accounting	Accounting Information System
	Advanced Accounting Ⅰ	Advanced Accounting Ⅱ
	Advanced Business Law	Business Taxation
	Personal Taxation	Auditing

Portland の事例に基づいて，アメリカの大学教育における簿記（Accounting System）が持つ特徴を明らかにする。

以下では，The University of Portland の会計学の初級講座である Financial Accounting においてテキストとして使用している Phillips, Libby および Libby 著の *Fundamentals of Financial Accounting*（以下，同書を Phillips et al.（2013）という）を分析対象とする。次節では，同書に示される簿記一巡の手続を紹介する。第3節では，同書に示される簿記一巡の手続の特徴を明らかにする。その上で，第4節では，同書の帳簿組織を検討する。さらに，第5節では，帳簿組織と簿記の目的観との関係を検討する。

2　Phillips et al.（2013）における簿記一巡の手続

図表4-2は，Phillips et al.（2013）に示される簿記一巡の手続（Accounting Process）である。すなわち，取引の分析，仕訳帳の記入と総勘定元帳への転記（Post to Accounts）は日ごとに行われる。整理前残高試算表（Unadjusted Trial Balance）の作成，整理記入（Adjusting Journal Entries）と総勘定元帳への転記，整理後残高試算表（Adjusted Trial Balance）の作成，財務諸表の作成は月ごとに行われる。締切記入（Closing Journal Entries）と総勘定元帳への転記，繰越試算表（Post-Closing Trial Balance）の作成は年ごとに行われる。なお，Phillips et al.（2013）では，第1章から第4章にかけて，ピザを調理・販売する企業であるピザアロマ株式会社を例として，簿記一巡の手続が具体的に説明されている。そこで，本節では，同書の第1章から第4章に示されるピザアロマ株式会社の例に基づいて，同社の設立と開業準備を行った8月の簿記一巡の

手続と，営業開始から年次決算までの9月の簿記一巡の手続を説明する。

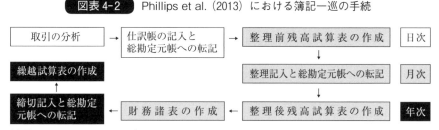

図表4-2　Phillips et al.（2013）における簿記一巡の手続

（出所：Phillips et al. 2013, 166）

8月は，ピザアロマの会社設立から開業準備を行う期間にあたり，年次手続項目である締切記入と総勘定元帳への転記および繰越試算表の作成は行われない。それゆえ，ピザアロマの8月の簿記一巡の手続は，次の図表4-3のプロセスで進められる。

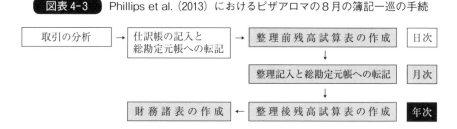

図表4-3　Phillips et al.（2013）におけるピザアロマの8月の簿記一巡の手続

図表4-3における最初の項目である取引の分析は，「取引の影響を会計等式において分析すること」を指し（Phillips et al. 2013, 49），取引の財務的影響が分析される。そして，この分析に基づいて，仕訳帳の記入と総勘定元帳の転記が行われる。

Phillips et al.（2013）では，ピザアロマの8月中の取引，仕訳および総勘定元帳への転記が，次のとおり示されている（Phillips et al. 2013, 60-63）。なお，総勘定元帳の二重線は，締切線ではなく，最終残高をその他の記入から区別するために引かれる（Phillips et al. 2013, 60）。

(a)　会社（ピザアロマ）は，マウリシオとその妻から＄50,000の拠出を受け，その証拠として株式を発行し，拠出された現金は銀行口座に預金した。

　　　（借）現　金・預　金　　　50,000　（貸）資　　本　　金　　　50,000

第4章　アメリカの大学教育における帳簿組織―The University of Portland の事例に依拠して―　◆　63

(b)　ピザアロマは，レストランブースとその他の設備を買うために＄42,000の現金を支払った。
　　（借）設　　　　　備　　　42,000　（貸）現　金・預　金　　42,000
(c)　ピザアロマは，銀行から借り入れ，その資金を銀行口座に預金し，2年後にその金額を返済する契約書にサインした。
　　（借）現　金・預　金　　20,000　（貸）借　　入　　金　　20,000
(d)　ピザアロマは，ピザオーブンとその他のレストラン設備を買い，＄16,000の現金を支払い，＄2,000は月末に支払う約束をした。
　　（借）設　　　　　備　　　18,000　（貸）現　金・預　金　　16,000
　　　　　　　　　　　　　　　　　　　　未　　払　　金　　2,000
(e)　ピザアロマは，合計＄630のフライパン，皿およびその他の調理器具をオーダーした。しかし，何も受け取っていない。
　　　　　　　　　　　　　　仕訳なし
(f)　ピザアロマは＄2,000を（d）の設備納入業者に支払った。
　　（借）未　　払　　金　　2,000　（貸）現　金・預　金　　2,000
(g)　ピザアロマは，(e)で予約した＄630の調理器具を受け取り，2月に代金を支払う約束をした。
　　（借）調　理　器　具　　　630　（貸）未　　払　　金　　　630

	資産 現金・預金			=	負債 未払金			+	株主持分 資本金		
月初残高	0					0	月初残高			0	月初残高
(a)	50,000	42,000	(b)	(f)	2,000	2,000	(d)			50,000	(a)
(c)	20,000	16,000	(d)			630	(g)			50,000	月末残高
		2,000	(f)			630	月末残高				
月末残高	10,000										

	調理器具				借入金		
月初残高	0					0	月初残高
(g)	630					20,000	(c)
月末残高	630					20,000	月末残高

	設備	
月初残高	0	
(b)	42,000	
(d)	18,000	
月末残高	60,000	

　以上の仕訳と総勘定元帳への転記によって，各勘定残高は，それぞれの月末残高を示すようになる。具体的には，各勘定において二重線を引いた金額がこれらにあたる。Phillips et al.（2013）によると，これらの金額に基づいて，次頁の残高試算表が作成される。なお，当月は整理記入が存在しないため，整理

前残高試算表と整理後残高試算表の区別はない。残高試算表を作成したら，次は財務諸表が作成される。当月は営業活動を行っていないため，貸借対照表のみが作成される。貸借対照表は，表示区分に注意しながら，作成される。

<table>
<tr><td colspan="3">ピザアロマ株式会社
残高試算表
2013年8月31日現在</td></tr>
<tr><td></td><td>借方</td><td>貸方</td></tr>
<tr><td>現金・預金</td><td>10,000</td><td></td></tr>
<tr><td>調理器具</td><td>630</td><td></td></tr>
<tr><td>設備</td><td>60,000</td><td></td></tr>
<tr><td>未払金</td><td></td><td>630</td></tr>
<tr><td>借入金</td><td></td><td>20,000</td></tr>
<tr><td>資本金</td><td></td><td>50,000</td></tr>
<tr><td>合計</td><td>70,630</td><td>70,630</td></tr>
</table>

出所：Phillips et al. (2013), 63.

<table>
<tr><td colspan="2">ピザアロマ株式会社
貸借対照表
2013年8月31日現在</td></tr>
<tr><td>資産</td><td></td></tr>
<tr><td>流動資産</td><td></td></tr>
<tr><td>　現金・預金</td><td>$ 10,000</td></tr>
<tr><td>　調理器具</td><td>630</td></tr>
<tr><td>　流動資産合計</td><td>10,630</td></tr>
<tr><td>設備</td><td>60,000</td></tr>
<tr><td>資産合計</td><td>$ 70,630</td></tr>
<tr><td>負債および株主持分</td><td></td></tr>
<tr><td>流動負債</td><td></td></tr>
<tr><td>　未払金</td><td>$ 630</td></tr>
<tr><td>　流動負債合計</td><td>630</td></tr>
<tr><td>借入金</td><td>20,000</td></tr>
<tr><td>負債合計</td><td>20,630</td></tr>
<tr><td>株主持分</td><td></td></tr>
<tr><td>　資本金</td><td>50,000</td></tr>
<tr><td>　留保利益</td><td>0</td></tr>
<tr><td>株主持分合計</td><td>50,000</td></tr>
<tr><td>負債および株主持分合計</td><td>$ 70,630</td></tr>
</table>

出所：Phillips et al. (2013), 64.

9月はピザアロマの期末であるため，年次手続項目である締切記入と総勘定元帳への転記および繰越試算表の作成も行われる。それゆえ，ピザアロマの9月の簿記一巡の手続は，図表4-4のプロセスで進められる。

図表4-4 Phillips et al. (2013) におけるピザアロマの9月の簿記一巡の手続

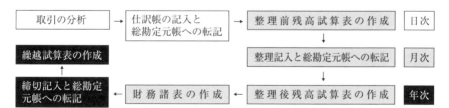

Phillips et al.（2013）では，ピザアロマの9月中の取引，仕訳および総勘定元帳への転記が，次のように示される（Phillips et al. 2013, 103-109）。

(a) 9月中にピザアロマは＄15,000のピザを現金で顧客に提供した。
（借）現　金・預　金　　15,000　（貸）ピ　ザ　収　益　　15,000

(b) ピザアロマは9月の月初に＄100のギフトカードを3枚発行した。
（借）現　金・預　金　　　 300　（貸）商　　品　　券　　　 300

(c) ピザアロマは＄500のピザを大学組織に提供し，この代金は掛けとした。
（借）売　　掛　　金　　　 500　（貸）ピ　ザ　収　益　　　 500

(d) ピザアロマは大学組織からその売掛金残高の一部の支払いとして＄300の小切手を受け取った。
（借）現　金・預　金　　　 300　（貸）売　　掛　　金　　　 300

(e) ピザアロマは9月の労働時間分の給料総額＄8,100について，小切手を従業員に渡した。
（借）給　　　　　料　　 8,100　（貸）現　金・預　金　　 8,100

(f) 9月1日，ピザアロマは9月，10月および11月分の家賃＄7,200を前払いした。
（借）前　払　家　賃　　 7,200　（貸）現　金・預　金　　 7,200

(g) 9月2日，ピザアロマはピザソース，小麦粉，チーズおよび紙製品を取得し，＄1,600の小切手を振り出した。
（借）消　　耗　　品　　 1,600　（貸）現　金・預　金　　 1,600

(h) ピザアロマは＄400の9月分の新聞広告の請求書を受け取った。この請求書は10月に支払われる予定である。
（借）広　　告　　費　　　 400　（貸）未　　払　　金　　　 400

(i) ピザアロマは総額＄600の9月分の公共料金の請求書を受け取り，支払った。
（借）水　道　光　熱　費　 600　（貸）現　金・預　金　　　 600

```
                資産                        =              負債                   +            株主持分
            現金・預金                                    未払金                                資本金
月初残高      10,000                                           630   月初残高                   50,000   月初残高
(a)           15,000    8,100    (e)                           400   (h)
(b)              300    7,200    (f)                         1,030   期末残高        留保利益
(d)              300    1,600    (g)                                                         0   月初残高
                          600    (i)                  商品券
期末残高       8,100                                             0   月初残高        ピザ収益
                                                               300   (b)                     0   月初残高
              売掛金                                           300   期末残高             15,000   (a)
月初残高           0                                                                          500   (c)
(c)              500      300    (d)                  借入金                             15,500   期末残高
期末残高         200                                        20,000   月初残高

                                                                                     給料
              消耗品                                                             月初残高        0
月初残高           0                                                             (e)        8,100
(g)            1,600                                                                        8,100
期末残高       1,600

                                                                                 水道光熱費
              前払家賃                                                           月初残高        0
月初残高           0                                                             (i)          600
(f)            7,200                                                             期末残高      600
期末残高       7,200

              調理器具                                                               広告費
月初残高         630                                                             月初残高        0
                                                                                 (h)          400
              設備                                                               期末残高      400
月初残高      60,000
```

　以上の仕訳と総勘定元帳への転記によって，それぞれの期末残高が得られる。Phillips et al.（2013）によると，これらの金額に基づいて，次の整理前残高試算表が作成される。

ピザアロマ株式会社
整理前残高試算表
2013年9月30日現在

勘定科目	借方	貸方
現金・預金	$ 8,100	
売掛金	200	
消耗品	1,600	
前払家賃	7,200	
調理器具	630	
設備	60,000	
未払金		$ 1,030
商品券		300
借入金		20,000
資本金		50,000
留保利益		0
ピザ収益		15,500
給料	8,100	
水道光熱費	600	
広告費	400	
合計	$ 86,830	$ 86,830

出所：Phillips et al.（2013），110.

整理前残高試算表を作成した後，整理記入と転記が行われる。Phillips et al. (2013) では，これらは次のように示される (Phillips et al. 2013, 149-162)。

(a)　9月初旬に受け取った＄1,600の消耗品のうち，＄400だけが9月30日に残っていた。
　　　（借）消　耗　品　費　　　1,200　（貸）消　耗　品　　　　1,200
(b)　9月1日に3ヵ月分の家賃＄7,200が支払われたが，9月30日までに1ヵ月が経過し，2ヵ月分が前払のままである。
　　　（借）支　払　家　賃　　　2,400　（貸）前　払　家　賃　　2,400
(c)　レストラン設備は，耐用年数が5年と見積もられるが，これまでに1ヵ月だけ使用され，それは見積費用が＄1,000であることを意味している。
　　　（借）減　価　償　却　費　1,000　（貸）減価償却累計額　　1,000
(d)　ピザアロマは顧客がピザ代金を支払うために使用したギフトカード＄160分を履行した。
　　　（借）商　品　券　　　　　　160　（貸）ピ　ザ　収　益　　　160
(e)　9月最終日，ピザアロマは＄40のピザをマウリシオの仲の良い友人に提供し，代金は10月に受け取ることにした。
　　　（借）売　掛　金　　　　　　 40　（貸）ピ　ザ　収　益　　　 40
(f)　ピザアロマは9月の最後の3日間の労働に対する給料＄900の支払義務を負っている。
　　　（借）給　　　　　料　　　　900　（貸）未　払　給　料　　　900
(g)　ピザアロマは銀行借入金から生じる今月分の＄100の利息を支払っておらず，さらに記録してもいない。
　　　（借）支　払　利　息　　　　100　（貸）未　払　利　息　　　100
(h)　ピザアロマは税引前利益の40％に相当する平均税率で計算した法人税を支払う。
　　　（借）支　払　法　人　税　　400　（貸）未　払　法　人　税　　400
(i)　ピザアロマは＄500の現金配当を宣言し，支払った。
　　　（借）配　当　金　　　　　　500　（貸）現　金・預　金　　　500

```
        現金・預金                          未払金                          ピザ収益
整理前残高  8,100                    1,030  整理後残高              15,500  整理前残高
                    500   (i)          商品券                         160  整理記入(d)
整理後残高  7,600                     300  整理前残高                 40  整理記入(e)
                              整理記入(d) 160                         15,700  整理後残高
        売掛金                          140  整理後残高
整理前残高   200                         未払給料                         給料
整理記入(e)   40                           0  整理前残高         整理前残高  8,100
整理後残高   240                         900  整理記入(f)       整理記入(f)   900
                                       900  整理後残高         整理後残高  9,000
         消耗品
整理前残高  1,600                       未払法人税                       支払家賃
        1,200  整理記入(a)                  0  整理前残高       整理前残高     0
整理後残高   400                         400  整理記入(h)       整理記入(b) 2,400
                                       400  整理後残高         整理後残高  2,400
        前払家賃
整理前残高  7,200                        未払利息                        消耗品費
        2,400  整理記入(b)                  0  整理前残高       整理前残高     0
整理後残高  4,800                         100  整理記入(g)       整理記入(a) 1,200
                                       100  整理後残高         整理後残高  1,200
         調理器具
整理後残高   630                         借入金                         減価償却費
                                    20,000  整理後残高         整理前残高     0
          設備                                                   整理記入(c) 1,000
整理後残高 60,000                         資本金                   整理後残高  1,000
                                    50,000  整理後残高
        減価償却累計額                                                 水道光熱費
            0  整理前残高                  留保利益                整理後残高   600
        1,000  整理記入(c)                   0  整理後残高
        1,000  整理後残高                                                広告費
                                         配当金                    整理後残高   400
                               整理前残高   0
                               (i)        500                         支払利息
                               整理後残高 500                   整理前残高     0
                                                              整理記入(g)   100
                                                              整理後残高    100

                                                                   支払法人税
                                                              整理前残高     0
                                                              整理記入(h)   400
                                                              整理後残高    400
```

　以上の整理記入と総勘定元帳への転記によって，それぞれの整理後残高が得られる。これらによって，整理後残高試算表が作成され，それに続いて，損益計算書，留保利益計算書，貸借対照表の順に，財務諸表が作成される。Phillips et al.（2013）によると，この過程は，次のように示される（Phillips et al. 2013, 161-162）。

第4章　アメリカの大学教育における帳簿組織―The University of Portland の事例に依拠して―　◆　69

ピザアロマ株式会社 整理後残高試算表 2013年9月30日現在		
勘定科目	借方	貸方
現金・預金	$ 7,600	
売掛金	240	
消耗品	400	
前払家賃	4,800	
調理器具	630	
設備	60,000	
減価償却累計額		$ 1,000
未払金		1,030
商品券		140
未払給料		900
未払法人税		400
未払利息		100
借入金		20,000
資本金		50,000
留保利益		0
配当金	500	
ピザ収益		15,700
給料	9,000	
支払家賃	2,400	
消耗品費	1,200	
減価償却費	1,000	
水道光熱費	600	
広告費	400	
支払利息	100	
支払法人税	400	
合計	$ 89,270	$ 89,270

ピザアロマ株式会社 損益計算書 2013年9月30日までの1ヵ月	
収益	$ 15,700
ピザ収益	15,700
収益合計	
費用	
給料	9,000
支払家賃	2,400
消耗品費	1,200
減価償却費	1,000
水道光熱費	600
広告費	400
支払利息	100
支払法人税	400
費用合計	15,100
当期純利益	$ 600

ピザアロマ株式会社 留保利益計算書 2013年9月30日までの1ヵ月	
留保利益，9月1日	$ 0
加算：当期純利益	600
減算：配当金	(500)
留保利益，9月30日	$ 100

ピザアロマ株式会社 貸借対照表 2013年9月30日現在		
資産		
流動資産		
現金・預金		$ 7,600
売掛金		240
消耗品		400
前払家賃		4,800
調理器具		630
流動資産合計		13,670
設備	$ 60,000	
減価償却累計額	(1,000)	59,000
資産合計		$ 72,670
負債および株主持分		
負債		
流動負債		
未払金		$ 1,030
商品券		140
未払給料		900
未払法人税		400
未払利息		100
流動負債合計		2,570
借入金		20,000
負債合計		22,570
株主持分		
資本金		50,000
留保利益		100
株主持分合計		50,100
負債および株主持分合計		$ 72,670

　財務諸表作成の次は，締切記入と総勘定元帳への転記である。Phillips et al.（2013）において，締切とは，財務諸表作成後の期末のみに行われ，次期の業績把握を開始する準備のために勘定記録を整理することであり，当期の業績を把握するために使用される一時勘定（temporary accounts）を締切り，永久勘定（permanent accounts）を次期に繰り越すという意味を持つ（Phillips et al. 2013, 162-163）[4]。具体的には，第1に当期純利益と配当金を留保利益勘定に転記し，第2にすべての損益項目の勘定残高と配当金勘定の残高をゼロにする，という手続を指す。この手続は，Phillips et al.（2013）において，次頁のように示される（Phillips et al. 2013, 164）。

締切記入1. 損益の締切
(借) ピ ザ 収 益　15,700　　(貸) 給　　　　　料　9,000
　　　　　　　　　　　　　　　　　　支 払 家 賃　2,400
　　　　　　　　　　　　　　　　　　消 耗 品 費　1,200
　　　　　　　　　　　　　　　　　　減 価 償 却 費　1,000
　　　　　　　　　　　　　　　　　　水 道 光 熱 費　　600
　　　　　　　　　　　　　　　　　　広　告　費　　400
　　　　　　　　　　　　　　　　　　支 払 利 息　　100
　　　　　　　　　　　　　　　　　　支 払 法 人 税　　400
　　　　　　　　　　　　　　　　　　留 保 利 益　　600

締切記入2. 配当金勘定の締切
(借) 留 保 利 益　　500　　(貸) 配　当　金　500

ピザ収益					広告費			
		15,700	整理後残高		整理後残高	400		
締切記入(1)	15,700						400	締切記入(1)
		0	締切後残高		締切後残高	0		

給料					支払利息			
整理後残高	9,000				整理後残高	100		
		9,000	締切記入(1)				100	締切記入(1)
締切後残高	0				締切後残高	0		

支払家賃					支払法人税			
整理後残高	2,400				整理後残高	400		
		2,400	締切記入(1)				400	締切記入(1)
締切後残高	0				締切後残高	0		

消耗品費					配当金			
整理後残高	1,200				整理後残高	500		
		1,200	締切記入(1)				500	締切記入(2)
締切後残高	0							

減価償却費					留保利益			
整理後残高	1,000						0	整理後残高
		1,000	締切記入(1)		締切記入(2)	500	600	締切記入(1)
締切後残高	0						100	締切後残高

水道光熱費			
整理後残高	600		
		600	締切記入(1)
締切後残高	0		

　以上の締切記入およびその転記を終えた後，繰越試算表を作成し，簿記一巡の手続が終了する。この繰越試算表は，Phillips et al.（2013）において，次頁のように示される。

ピザアロマ株式会社
整理前残高試算表
2013年9月30日現在

勘定科目	借方	貸方
現金・預金	$ 7,600	
売掛金	240	
消耗品	400	
前払家賃	4,800	
調理器具	630	
設備	60,000	
減価償却累計額		$ 1,000
未払金		1,030
商品券		140
未払給料		900
未払法人税		400
未払利息		100
借入金		20,000
資本金		50,000
留保利益		100
配当金	0	
ピザ収益		0
給料	0	
支払家賃	0	
消耗品費	0	
減価償却費	0	
水道光熱費	0	
広告費	0	
支払利息	0	
支払法人税	0	
合計	$ 73,670	$ 73,670

出所：Phillips et al.（2013），110.

3　Phillips et al.（2013）に示される簿記一巡の手続の特徴

　前節で紹介したPhillips et al.（2013）に示される簿記一巡の手続には，3つの特徴がある。すなわち，(1)財務諸表が月次で作成される，(2)財務諸表が整理後残高試算表に基づいて作成される，(3)決算手続は一時勘定を締切るために行われる，という特徴である。本節では，これら3つの特徴を一般的な日本の簿記のテキストと比較しながら説明する。なお，日本の一般的な簿記のテキストとしては，高校で教科書として使用されている新井益太郎および稲垣冨士男著の『新簿記』を使用する。

(1) 財務諸表が月次で作成される。

　一般に，わが国では，年次財務諸表を基本として，中間財務諸表，四半期財務諸表といった比較的短期間に作成される財務諸表へと議論が進められる（新井・稲垣 2007, 56）。しかし，図表4-2で示したように，Phillips et al. (2013) では，財務諸表の月次作成が前提とされる。このように比較的短期間の財務諸表の作成を前提とするのは，同書における会計観に関係していると考えられる。すなわち，Phillips et al. (2013) では，「会計は，企業の財務状況および業績に影響する活動を把握し（分析，記録および要約し），組織の内部と外部両方の意思決定者にその結果を報告するために，その企業によって設計された情報システムである。」と認識されている（Phillips et al. 2013, 5）。このように，会計を企業内外の意思決定者に有用な情報を提供するシステムと位置づけるのであれば，その意思決定の基礎となる財務諸表はタイムリーに作成され，開示されるほうがよい。それゆえ，財務諸表は，一会計年度よりも短い期間である月ごとに作成される[5]。

(2) 財務諸表が整理後残高試算表に基づいて作成される。

　一般に，わが国では，英米式の決算法を前提とする場合，損益勘定と繰越試算表に基づいて財務諸表が作成されると理解されている（新井・稲垣 2007, 182；原 2011, 73）。しかし，Phillips et al. (2013) では，図表4-2に示される簿記一巡の手続において，損益勘定は作成されず，また，繰越試算表の作成を待たずに整理後残高試算表に基づいて財務諸表が作成される。この理由については，原（2011）の説明が有力であろう。原（2011）では，財務諸表の作成が帳簿決算に先立つ手続となる原因について「現代的な視点で捉えると，月次，四半期決算等を行う場合，それに合わせ帳簿の締切までも月次等で行うと，帳簿上，収益・費用の勘定の年次集計ができなくなるためであると考えられる。」と説明されている（原 2011, 74）。つまり，財務諸表を一会計期間中に何度も作成するには，帳簿の締切を経ずに財務諸表を作成する必要がある。そこで，Phillips et al. (2013) においても，財務諸表は，帳簿を締切る前に，整理後残高試算表に基づいて作成されると解釈できる。

(3) 決算手続は一時勘定を締め切るために行われる。

　Phillips et al. (2013) に示される簿記一巡の手続は，決算において，残高勘定を作成しない点で，英米式決算法を採用しているといえる。ただし，同書の決算手続は，わが国における一般的な理解とは異なる。

　わが国では，一般に，英米式の決算手続は次のように説明される。すなわち，①収益の各勘定の残高を損益勘定に振り替える，②費用の各勘定の残高を損益勘定に振り替える，③当期純損益を資本金勘定に振り替える，④収益・費用の各勘定と損益勘定を締切る，⑤資産・負債・資本の勘定を締切る，これら①～⑤によって，総勘定元帳が締切られる（新井・稲垣 2007, 57）。なお，⑤において，資産・負債・資本勘定を締切る際には，総勘定元帳の摘要欄に「次期繰越」と赤で記入する（新井・稲垣 2007, 63）。次に，繰越記入が正しく行われているかどうかを確かめるために，決算日の各勘定の次期繰越高を集めて繰越試算表を作成する（新井・稲垣 2007, 64-65）。その次に，仕訳帳・その他の帳簿の締切を行う。この際に，損益勘定の締切と損益を資本金へ振り替える決算仕訳を行う（新井・稲垣 2007, 65）。そして最後に，総勘定元帳の収益・費用の各勘定や損益勘定などを資料として損益計算書を作成し，総勘定元帳の資産・負債・資本の各勘定や繰越試算表などを資料として貸借対照表を作成する（新井・稲垣 2007, 66-67）。

　以上が英米式決算法の一般的な理解であるが，Phillips et al. (2013) における決算手続（すなわち，締切記入）は，これとは異なる。既述のように，ⅰ 収益・費用の各勘定残高を，損益勘定を経ずに，留保利益に直接振り替える，ⅱ 配当金を留保利益に直接振り替える，これらⅰとⅱによって一時勘定（名目勘定）を締切ると同時に，留保利益勘定をアップデートする。永久勘定（実在勘定）は締切らずに存続させ[6]，繰越試算表を作成し，決算手続を終える。

　なるほど，原 (1993) において，「現代のアメリカでは，close (the books) とは，会計年度末に，収益及び費用勘定の残高を，直接，または損益勘定ないし中間集計勘定（cleaning account）を通じて，留保利益または他の資本主持分勘定に振り替えることを言い，その結果，貸借対照表勘定（資産，負債，及び純財産の勘定；実在勘定）は，総勘定元帳上に締切られずに存続する。」と説明されているとおり（原 1993, 117），会計期末に，収益及び費用勘定の残高は

直接留保利益に振り替えられ,その結果,貸借対照表勘定は締切られずに存続する。なお,Phillips et al.（2013）において,収益・費用の各勘定残高を損益勘定を経ずに留保利益に直接振り替えるのは「収益と費用を留保利益の下位勘定と考える」からであり（Phillips et al. 2013, 102），こう考えることにより「形骸化した中間集計勘定」としての損益勘定を作成する必要はなくなる（原 2011, 74）。

4　Phillips et al.（2013）における帳簿組織の検討

　前節で明らかにしたように,Phillips et al.（2013）では,日々の財務的影響を把握する仕訳帳と勘定残高を把握する総勘定元帳によって構成される二帳簿制の帳簿組織が構築されていた。つまり,会計を企業内外の意思決定者に有用な情報を提供するシステムと位置づけ,それらの意思決定の基礎となる財務諸表をタイムリーに作成するための帳簿組織が構築されていた。ただし,このことは,同書において補助元帳や補助記入帳の利用が軽視されていることを意味するわけではない。

　たとえば,Phillips et al.（2013）では,次の商品有高帳が示される。そして,Phillips et al.（2013）によると,この商品有高帳の「計算」とされている項目は,先入先出法,後入先出法あるいは移動平均法を利用して計算される（Phillips et al. 2013, 322-323）。

日付	適用	数量	単価	金額
10月1日	期首在庫	10	$7	$70
10月3日	仕入	30	$8	240
10月4日	*売上*	*(35)*	*計算*	*計算*
10月5日	仕入	10	$10	100
	期末在庫	15	計算	計算

※斜体は赤字記入を意味する。
出所：Phillips et al.（2013），322.

　ここで注目したいのが,Phillips et al.（2013）では,この商品有高帳が提供する情報と意思決定との関係性が示されていることである。すなわち,先入先出法,後入先出法あるいは移動平均法を利用して商品有高帳の「計算」とされている金額を算出することで,売上原価と平均在庫高を把握することができる。そして,売上原価を平均在庫高で除することで,棚卸資産回転数（inventory turnover）を計算する（Phillips et al. 2013, 319）。この棚卸資産回転数について，Phillips et al.（2013）では，次のように説明されている。

> 「アナリストは，棚卸資産回転数を計算することで，会計期間中に，棚卸資産が，平均して何回購入され販売されたかを評価することができる。この値が高いことは，購入から販売までの期間が短く，倉庫費用や陳腐化コストを削減していることを意味している。また，棚卸資産に拘束される資金が少なくなるため，超過分を投資するか，借入金を返済することで利息分を稼得することができ，支払利息を削減することができる。さらに効率的な購買及び生産技術は，高い商品需要と同様に，この比率を上昇させる。他方，商品回転数の急激な下落は，企業の生産物に対する需要の予期せぬ下落またはいい加減な在庫管理のシグナルかもしれない。」（Phillips et al. 2013, 319）

　この引用が示すように，商品有高帳が提供する売上原価と平均在庫高に関する情報によって棚卸資産回転数を計算することができ，アナリストは，この比率によって，企業が扱う商品需要や企業の在庫管理の状況を評価することができる。そして，企業外部の投資家は，アナリストの評価に基づく意思決定を行う可能性が高まる。すなわち，ある企業の商品回転数が急激に下落した場合，企業の商品に対する需要の下落もしくは企業内における不適切な在庫管理を想定でき，投資家は新たな投資を控えるか，あるいは，投資を引き上げる意思決定を行う可能性が高まる。

　他方，この比率によって，企業内部の意思決定が行われる可能性も推論することができる。たとえば，経営者もしくはその他の管理担当者は，棚卸資産回転数によって，企業が扱う商品構成や在庫管理の状況を評価することができる。そして，当該管理担当者は，この評価に基づく意思決定を行う可能性が高まる。すなわち，特定の商品または商品グループの回転数が急激に下落した場合，企業の商品に対する需要の下落もしくは企業内における不適切な在庫管理を想定でき，当該管理担当者は特定の商品の取扱いを止めるか，あるいは，在庫管理のスタッフの配置換えを検討する可能性が高まる。ただし，このような意思決定を行うには，商品有高帳は，意思決定の単位となる商品もしくは商品グループごとに作成されていなければならない。

商品有高帳の他に，Phillips et al.（2013）では，売掛金の管理を行う目的で補助元帳（subsidiary account）としての人名勘定を利用する例も示されている（Phillips et al. 2013, 359-361）。それゆえ，Phillips et al.（2013）では，補助元帳や補助記入帳の利用が軽視されているわけではなく，意思決定に有用な情報を提供するものとして，補助元帳や補助記入帳の利用が積極的に議論されている。

ただし，Phillips et al.（2013）では，補助元帳や補助記入帳から仕訳帳に合計転記を行うという説明がされているわけではなく，特殊仕訳帳制の帳簿組織が前提となることはない。つまり，同書では，二帳簿制を採用し，特定の管理や意思決定が必要となる場合，それらに有用な情報を提供する帳簿を付け加える帳簿組織が採用されている。それゆえ，同書における帳簿組織は，主要簿としての仕訳帳と総勘定元帳及び補助簿としての意思決定に有用な情報を提供する帳簿によって構成されるものと解釈することができる。

5　Phillips et al.（2013）における簿記の目的観と帳簿組織

第2節では，Phillips et al.（2013）に示される簿記一巡の手続を紹介した。また，第3節では，同書に示される簿記一巡の手続が，(1)財務諸表が月次で作成される，(2)財務諸表が整理後残高試算表に基づいて作成される，(3)決算手続は一時勘定を締切るために行われる，という3点において特徴を有していることを明らかにした。さらに，第4節では，同書の帳簿組織が，主要簿としての仕訳帳と総勘定元帳及び補助簿としての意思決定に有用な情報を提供する帳簿によって構成されるものであることを明らかにした。

これまでの議論により，意思決定に有用な情報を提供するための財務諸表をタイムリーに作成する手段として簿記が位置づけられている点に，同書に示される簿記一巡の手続の最大の特徴があると思われる。すなわち，会計を企業内外の意思決定者に有用な情報を提供するシステムと位置づけるのであれば，その意思決定の基礎となる財務諸表は，タイムリーに作成され，開示されるほうがよい。財務諸表をタイムリーに作成するには，日々の財務的影響を把握する仕訳帳と勘定残高を常に把握するための総勘定元帳が最低限必要である。それゆえ二帳簿制が採用されている。また，財務諸表をタイムリーに作成するためのシステムとして，締切られた帳簿ではなく，整理後残高試算表を基礎とし

て財務諸表を作成する簿記一巡の手続が構築される。したがって，Phillips et al.（2013）では，財務諸表をタイムリーに作成するシステムとして簿記が位置づけられ，この目的観に沿う帳簿組織として，二帳簿制が選択されたと結論できよう。

　以上の議論は，アメリカにおいて補助元帳や補助記入帳の利用が軽視されていることを示すものではなく，Phillips et al.（2013）においても，在庫管理を行う目的で商品有高帳を利用する例が示されていた。また，売掛金の管理を行う目的で補助元帳としての人名勘定を利用する例が示されていた。これらの証拠は，企業の外部者と内部者の意思決定に有用な情報を提供するという目的に対する補助簿の役割が，アメリカにおいても認識されていることを示唆している。ただし，同書において補助記入帳の特殊仕訳帳化の議論が行われていたわけではなく，補助元帳や補助記入帳は，あくまでも補助簿として帳簿組織を構成するに過ぎない。以前はアメリカのテキストでも特殊仕訳帳の説明が見られたが，近年，Phillips et al.（2013）と同様に，取り上げられなくなっている。

●注
1　2016年11月23日付のForbesの報道を参照されたい。（https://www.forbes.com/sites/karstenstrauss/2016/11/23/top-degrees-for-getting-hired-in-2017/#37f86dd1634a）
2　2015年5月23日付のThe Oregonian紙の報道を参照されたい。
（http://www.oregonlive.com/money/index.ssf/2015/05/what_is_my_college_degree_worth_in_oregon.html#0）
3　U.S. News & World Reportによると，2015-2016年において，The University of Portlandは地方大学（西部）の7位にランクインしている（http://colleges.usnews.rankingsandreviews.com/best-colleges/university-of-portland-3224）。このことは，本大学が質の高い会計教育を行っていることを示唆する1つの証拠であろう。
4　一般的な用法に従うのであれば，一時勘定は名目勘定，永久勘定は実在勘定とすべきであろう。
5　Phillips et al.は，財務諸表作成のタイミングについて，「財務諸表は，最も一般的には，月ごと，3ヵ月ごと（四半期報告），および年末ごと（年次報告）に作成されるが，1年のうちいつでも作成され得る。」と述べている（Phillips et al. 2013, 9）。この引用が示すように，彼らは慣習に基づいて財務諸表作成のタイミングを月次としているのであって，理念的には，意思決定に必要であれば，どのタイミングでも財務諸表を作成すると捉えるべきであろう。
6　もちろん，総勘定元帳の摘要欄に「次期繰越」と赤で記入することもない。

●参考文献

Phillips, F., R. Libby and P. A. Libby (2013) *Fundamentals of Financial Accounting*, 4th ed., New York : The McGraw-Hill Companies, Inc..
新井益太郎・稲垣冨士男(2007)『新簿記』実教出版。
原俊雄(1993)「簿記における大陸式・英米式の論理」『産業經理』第53巻第2号, 111-120頁。
―――(2011)「簿記教育の再検討」『會計』第179巻第2号, 71-82頁。

(松下真也)

第5章

イギリスの大学教育における帳簿組織

1 はじめに

　Paciolo の *Summa* に遅れること約半世紀，1543年にイギリス最初の簿記書，Oldcastle の *A Profitable Treatyce*… が出版された。残念ながらこの簿記書は現存していないため，その内容はわからないが，この書をベースとしたとされる1588年の Mellis の簿記書によれば，帳簿組織としては日記帳・仕訳帳・元帳という時代遅れの三帳簿制 (old-fashioned trio) が採用されていたようである (Brown 1905, 154；久野 1977, 22)。伝統的な三帳簿制，そして日記帳と仕訳帳が合体した仕訳日記帳・元帳の二帳簿制は，18世紀前半の代表的著作，イギリスの Malcolm (1718)，Mair (1736) の簿記書に承継された。単一仕訳帳制を採用する彼らがともに数学，簿記の教師であったのに対して，18世紀後半にイタリア式簿記の革新と称される簿記書が商人の Booth によって出版された。Booth の簿記書では大規模企業に適用できる単式簿記の容易さおよび迅速さと，複式簿記の長所を兼ね備えたシステム (Booth 1789, 5-6) である分割仕訳帳制が採用されており，同様の帳簿組織は，イギリスの Inglis の簿記書を翻訳したわが国2番目の西洋簿記書である加藤斌『商家必用』(1873, 1877) でも採用されているシステムであり，後に見るように現代のイギリスにおいても連綿と受け継がれている[1]。

　さて，現代のイギリスの大学生向けのテキストには，*Bookkeeping* というタ

イトルの文献はほとんど見られず，アメリカと同様に，*Accounting* あるいは *Financial Accounting* というテキストの中で簿記が取り扱われている。会計学のテキストということで，帳簿にはあまり触れず，会計等式と T 勘定を使って勘定記入の説明だけにとどめているテキストもあるが，帳簿組織を詳しく取り上げているテキストもいまだ健在である[2]。

これまでわが国では，明治期の英米簿記書を中心とする翻訳，抄訳時代から，積極的に諸外国の文献を検討し，その手法が採り入れられてきたが，戦後の標準的な教育パターンが確立して以降，そのような検討はあまり行われていない。そこで本章では，現代イギリスのテキストを題材として，そこで説かれている帳簿組織について，その特徴を明らかにしたい。

2　簿記会計の総論

帳簿組織の検討に入る前に，その前提となる簿記会計の総論部分について見ていこう。まず会計について，あるテキストでは「業績評価，意思決定，そして管理のベースとして情報を利用する利害関係者に対して，企業の取引を貨幣額で記録し，報告するシステム」（Marriott et al. 2002，1）と定義されている。これに対して簿記は，いくつかのテキストでも引用されている勅許管理会計士の公式用語集において，次のように定義されている。

「簿記　企業の財務記録のうち，適切に分類された貨幣取引の記録」（CIMA 2005, 60）
「複式簿記　すべてに財務上の取引が同時に生じる価値の受渡を伴うため，二度記録されるという原理に基づく最も一般的に利用される簿記システム」（CIMA 2005, 66）

イギリスでは，簿記と会計が必ずしも明確に区別されているわけではないが，会計の定義，そして図表 5-1 でされている区切線から判断すると，広義の会計は，「記録」としての簿記という領域，「報告」としての狭義の会計という領域に分けて考えることができる。

図表5-1　会計および意思決定プロセス

	1 取引 Transaction ↓
企業取引の記録 RECORDING BUSINESS TRANSACTIONS	2 証拠書類作成 Originating documentation ↓ 3 経理部 Accounting department ↓ 4 集約及び分析 Summarize and analyse ↓ 5 記録 Record
財務情報の報告 REPORTING FINANCIAL INFORMATION	6 試算表 Trial balance ↓ 7 会計報告書 Accounting statements ↓ 8 利用者 User ↓ 9 意思決定 Decision ↓ 10 改善 Action

出所：Marriott et al. (2002), 2.

　また，わが国では，英米式決算法の場合，損益勘定・繰越試算表から損益計算書・貸借対照表を作成すると説明されているが，イギリスでは，図表5-1からも明らかなように，試算表をベースに財務諸表を作成すると説くものが多い[3]。一部には，売買勘定と損益勘定を総勘定元帳に設け，これらに基づき売買・損益計算書（Trading and Profit and Loss Account）を作成し，繰越試算表から貸借対照表を作成する伝統的な決算法が説明されているものもあるが（Wood and Sangster 2008, 72, 83-84），多くのテキストでは，帳簿上の処理には触れず，試算表から直接財務諸表を作成すると説くものが主流となっている。

　これは，財務諸表と決算勘定が直結する大陸式とは異なり，必要な情報を抽出して財務諸表を作成するというお国柄によるのかもしれない。イギリスのテキストでは，複式簿記だけではなく，零細企業，クラブなどの非営利組織を対象とした単式簿記（single-entry, incomplete records）も説明されており，その場合，管理の必要に応じた帳簿のみが設けられるため，決算勘定が存在せず，報告書は記録から必要なデータを抽出・加工して作成されることに

なる (Marriott et al. 2002, 48-81; Thomas and Ward 2009, 428-439; Gillespie et al. 2004, 231-260)。また，ほとんどのテキストで，コンピュータ会計システムが説明されており，その場合，営業取引と決算整理の入力が終われば，試算表，決算勘定，そして財務諸表は，同一のデータベースから必要な情報をどのように取り出すかという抽出方法の違いに過ぎない。しかも作成される財務諸表は報告式であり，これを試算表，決算勘定のどちらから作成するかということは問題とならない。そのためか，多くのテキストで複式簿記の最終生産物（an end product of the double entry system）は試算表となっている (Marriott et al. 2002, 137)。

さて，次に簿記会計の総論において要石というべき会計等式について見てみよう。わが国では個人企業を前提とした資本等式，アメリカでは株式会社を前提とした貸借対照表等式が主流であるが，イギリスでは資本等式派 (Thomas and Ward 2009, 102; Weetman 2006, 28; Wood and Sangster 2008, 8) と貸借対照表等式派 (Dyson 2010, 48; Jones 2006, 53; Alexander and Nobes 2007, 27; Gillespie et al. 2004, 20; Britton and Waterston 2006, 20; Marriott et al. 2002, 15; Berry and Jarvis 2011, 55) に分かれる。後者のほうがやや優勢のようであるが，アメリカとは異なり株式会社を前提とするものは少なく，多くのテキストで個人事業主 (sole trader) が前提とされている。

イギリスで貸借対照表等式が採用されているのは，等式に基づく複式簿記の導入の際に，開業時の元入れから説明を始めるテキストが多いこと，そして擬人説の名残によるものと考えられる。スタートが元入れであるため，最初に成立する等式が「資産＝資本」となり，資本等式における差額という説明になじまないのであろう[4]。また，エンティティ概念が強調され，資本を負債と同様に事業主に負う (owe to the owner) 資金の源泉と説くものが多く，資本を広義の負債として説明するものもある[5]。資金の源泉，そして擬人説という視点からは，資本は組合企業の組合員人名勘定がその典型であるように，負債と同様に人名勘定であり，貸借対照等式との整合性が高くなるのかもしれない。

会計等式と深く関連する貸借対照表の様式については，図表5-2のとおりイギリスで普及している純資産額を示す純資産様式と，欧州大陸で普及している資産および負債様式があるとされる (Gillespie et al. 2004, 22-23; Jones 2006, 163-164)[6]。会計等式における資本等式派，貸借対照表における純資産様式は，

個人企業の資本主の視点,そして単式簿記でも可能な財産法による損益計算の視点を重視しているものと考えられる。

図表5-2 貸借対照表の様式

個人企業,組合 及び非上場会社			上場会社 (1)純資産様式		上場会社 (2)資産及び負債様式	
固定資産		80,000	資産		資産	
流動資産	80,000		固定資産	80,000	固定資産	80,000
流動負債	(20,000)		流動資産	80,000	流動資産	80,000
正味流動資産 流動負債控除後		60,000	資産合計	160,000	資産合計	160,000
資産合計		140,000	負債		資本および負債	
固定負債		(20,000)	流動負債	(20,000)	資本 Equity	120,000
純資産合計		120,000	固定負債	(20,000)	固定負債	20,000
			負債合計	(40,000)	流動負債	20,000
			純資産	120,000		
資本 Capital		120,000	資本 Equity	120,000	資本及び負債合計	160,000

注:資本構成は3種類の企業ごとに別掲
出所:Jones (2006), 164.

　貸借記入原則については,取引要素の結合関係を示すものはあまり見られない[7]。多くのテキストでは,貸借対照表等式あるいは試算表等式に基づき,開業時の元入れという資金調達に始まり事業を展開していくストーリー性のある取引を,T勘定へ記入しながら説明する方法,後に見るように現金預金取引をベースに説明する方法が採用されている。

3　帳簿組織の特徴

　イギリスのテキストでは,わが国とは異なり非実務的な単一仕訳帳制の説明は見られず,古くから「原始記入の活用,誤謬の局所化,帳簿への職員のアクセシビリティ」(Lisle 1903, 438) という点を重視し,専ら分割仕訳帳制が採用されている。
　分割仕訳帳制を前提とする場合,1つの教授法として,取引を最も企業で頻発する現金預金取引に限定し,現金勘定あるいは現金出納帳に記入し,それを相手勘定との貸借記入へと展開していく手法が見られる (Britton and

Waterston 2006, 71-76 ; Benedict and Elliott 2008, 30-40 ; Thomas and Ward 2009, 129-131)。すなわち現金収支法（沼田1973, 57-58）の分割仕訳帳制バージョンである。その後，企業の主たる営業活動となる掛取引を取り上げ，現金取引で説明済みの売上勘定，仕入勘定と，掛取引で登場する売掛金，買掛金による勘定記入を説明し，複式簿記が教授されている。その他のテキストでは，現金出納帳，仕入帳，売上帳等への記入方法を説明した後，現金預金取引，掛取引を前提に，総勘定元帳および売掛金元帳・買掛金元帳への転記手続を説明する教授法がとられている。

説明の順序に多少違いはあるものの，イギリスのテキストでは，図表5-3に示す分割仕訳帳・分割元帳制が採用されている。したがって，帳簿組織としては，わが国で説明されている英米式の分割仕訳帳制・元帳制と大差はないが，以下の点に異同がある。

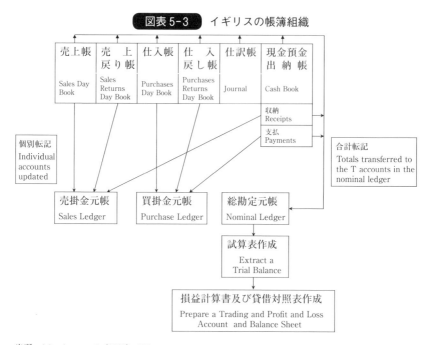

図表5-3　イギリスの帳簿組織

出所：Marriott et al.（2002），131.

第1に，現金出納帳（Cash Book）には，手元現金（cash in hand）だけでなく当座預金（cash at bank）取引も記入されるため，正しくは現金預金出納帳[8]であり，また現金出納帳が総勘定元帳の現金勘定，当座勘定を兼ねるため，総勘定元帳に現金勘定，当座勘定が存在しない。

　第2に，現金仕入，現金売上については，両者とも現金出納帳だけに記入し，わが国のように仕入帳，売上帳には記入しない。仕入帳，売上帳は，正しくは掛仕入帳，掛売上帳であり，現金出納帳との二重仕訳は生じない。したがって，仕入帳，売上帳から買掛金元帳，売掛金元帳へは個別転記，総勘定元帳の仕入勘定，売上勘定そして統制勘定の売掛金勘定，買掛金勘定へはすべて合計転記となる。なお，仕入勘定・売上勘定には現金出納帳からも合計転記されるため，仕入帳，売上帳を現金出納帳のように総勘定元帳を兼ねる帳簿とすることはできない[9]。

　第3に，わが国で特殊仕訳帳と呼ばれる帳簿は，日記帳・仕訳帳・元帳の三帳簿制のうち仕訳帳を分割したものと考えられているのに対して，イギリスでは日記帳の分割とされている[10]。すなわちイギリスでは，特殊仕訳帳の「仕訳」という役割よりも，明細記録としての「日記」の役割が重視されている。現金勘定を兼ねる現金出納帳を除き，特殊仕訳帳は，わが国とは異なり主要簿ではなく補助簿（subsidiary books of account）とされている（Wood and Sangster 2008, 186；Benedict and Elliott 2001, 74-92）。また，特殊仕訳帳に記入されない取引の記入，訂正記入，決算整理記入，決算振替記入が行われる普通仕訳帳も，イギリスでは複式記入システム外の補助簿として取り扱われており，主要簿は現金出納帳と総勘定元帳で構成される（Nobes 1997, 97；Benedict and Elliott 2008, 182）[11]。現金出納帳を除く原始簿に貸借記入が行われているわけではなく，日記に勘定記入の指示が付加されているだけで，原始簿の記録を複式記入で勘定に記入すると考えているからであろう。

　第4に，イギリスの特徴として，必ず証憑や送り状への言及があるだけでなく，特殊仕訳帳に証憑番号（voucher）欄も設けられている（Thomas and Ward 2009, 115-123）。これも取引の証拠としての日記帳の機能を重視している証左である。

　以上の他，前出の個別転記される補助元帳と合計転記される統制勘定との照合や，銀行勘定調整表について，わが国のテキストよりも詳細な説明があり，

帳簿の照合というものが重視されている点が特徴的である。合計試算表は作成されず，大陸式のような仕訳帳との照合もないが，これは特殊仕訳帳への原始記入の段階での取引の分類，合計転記による転記回数の減少といった誤謬の防止効果に重きを置いているからであろう。現金出納帳の現金勘定化は，転記作業がないために転記の誤謬は生じない。合計試算表による検証よりも，転記ミスの防止と，頻度の高い現金預金取引，掛取引の部分的検証が重視されているのである。

また，イギリスでは図表5-4に示すように，混合勘定から中間勘定を経由せず直接損益勘定に費用・収益の額を振り替える直接仕訳法，費用・収益の見越・繰延の際，決算整理と損益振替を一括して，費用・収益の額を損益勘定に振り替え，残額を次期に繰り越す直接整理法も健在である。

図表5-4　直接仕訳法と直接整理法

【直接仕訳法】

貸倒引当金

12/31 次期繰越	240	1/1 前期繰越	200
		12/31 損益	40
	240		240
		1/1 前期繰越	240

損益

12/31 貸倒引当金 40	

【直接整理法】

保険料

	1,050	12/31 損益	840
		31 前払c/d	210
	1,050		1,050
1/1 前払b/d	210		

損益

12/31 保険料 840	

出所：Wood and Sangster（2008），271，320．

これらの決算整理・振替手続は，特殊仕訳帳に記入される取引ではなく普通仕訳帳での処理となる。ただし，決算整理についても普通仕訳帳での仕訳が推奨されてはいるが，実務上はあまり行われていないようである（Wood and Sangster 2008, 179）。勘定科目についても，財務諸表上の科目には簿外の組替手続で対応すると割り切っているのであろう。

4　おわりに

以上，現代のイギリスのテキストにおける帳簿組織の特徴を見てきた。わが国では単一仕訳帳制が中心で，分割仕訳帳制の地位が低下してきているが，イギリスでは単一仕訳帳制の説明はなく，分割仕訳帳制が前提である。一部のテキストでは，理論上，すべての取引を仕訳形式で行うことが可能で，教育上も

T勘定によらず複式記入の理解度をテストできるとされているが，実務上は採用されていない (Marriott et al. 2002, 123)。現代企業において，すべての取引を発生順に仕訳帳に記録していく単一仕訳帳制というワンマン簿記は現実的には不可能で，転記完了まで財産の管理に使えないシステムは，財務諸表の作成という複式簿記の限定された目的についてのみの教育効果しかないように思われる。

　岩田 (1953, 12-19) の指摘するとおり，会計管理にとって重要な帳簿は主要簿ではなく補助簿である。イギリスの帳簿組織の教育では，まずは特殊仕訳帳と補助元帳が担っている日常的な管理機能を説明した上で，この管理のための記録をベースに，定期的な財務諸表の作成という機能を遂行するための合計転記による複式記入が説かれている。すなわち，イギリスの帳簿組織は，会計管理のための簿記と決算中心の簿記という2つの簿記 (岩田 1955, 12) の役割分担を，前者については単式簿記システムの特殊仕訳帳と補助元帳で，後者については複式簿記システムの合計転記が中心の総勘定元帳で行っているのである。

　単一仕訳帳制を採用し，これら2つの機能を主要簿と補助簿とに分断して行うのか，分割仕訳帳制を採用し，補助簿に仕訳機能を付加するのか，「帳簿組織の歴史的発展は記帳量の増大と記帳能力の有限性，即ち記帳労力の節約という相対立した矛盾の解決の表れ」(木村 1934, 59) であるという視点からは，手書き簿記を前提とすると分割仕訳帳制に軍配が上がるであろう。

　翻ってコンピュータ会計システムを前提とした場合はどのようになるであろうか。もちろん単一仕訳帳，補助簿制を前提としたシステムを組むことは可能であり，仕訳伝票としてワンマン簿記ではなく分散記入も可能かもしれない。しかし入力する情報は，総勘定元帳のみにかかわるデータだけでなく，管理のための詳細なデータを同時入力しなければ意味がない。入力画面が形式的に仕訳日記帳であったとしても，これは実質的には特殊仕訳帳への入力を行っているようなものである。「あるシステムを旧システムの拡張とよぶためには，旧システムに存在していたものをすべて保存」(井尻 1984, 5) する必要があり，単式簿記と複式簿記は補助簿と主要簿という別個の存在ではなく，複式簿記は単式簿記を包含するシステムとなっている。

　分割仕訳帳制にも，大陸式と英米式が存在するが，手書き簿記を前提とした場合，合計転記を確実に行うための合計仕訳を行い，二重仕訳金額の削除を経て普通仕訳帳と合計試算表の照合も可能な大陸式のほうが望ましい。ただし，

コンピュータ会計システムを採用し，リアルタイム処理を前提とすれば，すべて個別転記による英米式のシステムとなる。いずれにせよ，その仕組みを可視化できるのは分割仕訳帳制である。確かに財務会計の基礎として簿記を学習するのであれば，単一仕訳帳制の仕訳形式やT勘定を使う手法で事足りるであろう。しかし，簿記を習得するためには，帳簿組織，分割仕訳帳制の理解が不可欠である。簿記は財務会計の基礎科目として位置づけられることが多いが，財務会計だけでなく管理会計の基礎でもあることを認識する必要があろう。

● 注

1 Malcolm, Mair, Booth の簿記書については，久野（1977, 44-50, 63-64），小島（1987, 335-352, 367-376），渡邉（1983, 125-171），渡邉（1993, 131-150）を参照されたい。
2 帳簿組織を詳細に説明しているものとして，Benedict and Elliott（2008），Marriott et al.（2002），Thomas and Ward（2009），Wood and Sangster（2008）がある。なお，筆者の海外研修先（2011年度下半期）の Cardiff Business School では，会計学専攻以外の non-specialists 学部生向け講義では帳簿の説明はほとんどなかったが，会計学専攻の講義では手書きの帳簿組織の説明，会計ソフト（Sage）を使った記帳指導が行われていた。
3 たとえば Marriott et al.（2002, 132-137），Gillespie et al.（2004, 56-58），Jones（2006, 119-134），Alexander and Nobes（2007, 394-398），Thomas and Ward（2009, 152-154）などがある。この点はアメリカも同様である（原 2008, 77）。
4 貸借対照表等式も資本を先にして，「資産＝資本＋負債」とするものが多い。
5 この点については，原（2012, 32-63）を参照。
6 なお，図表5-2からも明らかなように，Net Assets は資本に取って代わる用語ではなく，資産と負債の純額という意味で，純資産額がイギリスの場合は資本と同額となるのであり，純資産等式という表現はありえない。
7 Marriott et al.（2002, 108）には結合線のない取引要素の貸借記入が示されている。
8 現金預金出納帳とすべきであるが，冗長なので原語通り，本章では現金出納帳とする。
9 わが国の市販会計ソフトに売掛帳，買掛帳から仕訳入力できるものがあるが，代金決済取引の仕訳をアドオンしたシステムと考えれば，掛売上帳，掛仕入帳である。
10 イギリス流に従えば分割日記帳制，特殊日記帳という表現が正確であるが，本章では日本流に分割仕訳帳制，特殊仕訳帳とする。
11 以前は，わが国で補助簿とされている個別転記される買掛金元帳・売掛金元帳が主要簿，統制勘定が複式記入システム外の勘定とされていたが，近年は逆転している。かつての位置づけについては安藤（1990, 32）を参照。

●参考文献

Alexander, D. and C. Nobes（2007）*Financial Accounting: An International Introduction*, 3rd ed., Harlow : Pearson Education.
Benedict, A. and B. Elliott（2001）*Practical Accounting*, Harlow : Pearson Education.
─────（2008）*Financial Accounting : An Introduction*, Harlow : Pearson Education.
Berry, A. and R. Jarvis（2011）*Accounting in a Business Context*, 5th ed., Cengage Learning : Andover.
Bigg, W. W. and R. E. G. Perrins（1971）*Spicer and Pegler's Book-keeping and Accounts*, 17th ed., London : HFL Publishers Ltd.
Booth, B.（1789）*A Complete System of Book-keeping, by an Improved Mode of Double-entry*, London : Couchman & Fry.
Britton, A. and C. Waterston（2006）*Financial Accounting*, 4th ed., Harlow : Pearson Education.
Brown, R.（1905）*A History of Accounting and Accountants*, London : Frank Cass & Co. LTD.
Chartered Institute of Management Accountant（2005）*CIMA official Terminology 2005 Edition*, CIMA Publishing.
Dyson, J. R.（2010）*Accounting for Non-Accounting Students*, 8th ed., Harlow : Pearson Education.
Gillespie, I., R. Lewis and K. Hamilton（2004）*Principles of Financial Accounting*, 3rd. ed., Harlow : Pearson Education.
Jones, M.（2006）*Financial Accounting*, Chichester : John Wiley & Sons Ltd.
Lisle, G.（1903）*Encyclopædia of accounting*. Vol. 1, Edinburgh : W. Green & sons.
Marriott, P., J. R. Edwards and H. J. Mellett（2002）*Introduction to Accounting* 3rd. ed., London : Sage Publications Ltd.
Nobes. C.（1997）*Introduction to financial accounting*, 4th ed., London : Cengage Learning.
Thomas, A. and A. M. Ward（2009）*Introduction to Financial Accounting*, 6th ed., London : McGraw-Hill.
Weetman, P.（2006）*Financial Accounting : An Introduction*, 4th ed., Harlow : Pearson Education.
Wood, F. and A. Sangster（2008）*Business Accounting UK GAAP*, Harlow : Pearson Education.
安藤英義（1990）「イギリスの簿記書と組織文化」『會計』第 183 巻第 3 号，325-338 頁。
井尻雄士（1984）『三式簿記の研究』中央経済社。
岩田巖（1953）「『アカウント』・『アカウンタビリティ』・『アカウンティング・コントロール』」『産業經理』第 13 巻第 1 号，12-19 頁。
─────（1955）「二つの簿記学－決算中心の簿記と会計管理のための簿記－」『産業經理』第 15 巻第 6 号，8-14 頁。
加藤斌（1873, 1877）『商家必用』新民社蔵版。
木村和三郎（1934）「帳簿組織の歴史的発展」『會計』第 35 巻第 1 号，56-76 頁。
小島男佐夫（1987）『会計史入門』森山書店。
沼田嘉穂（1973）『現代簿記精義』中央経済社。
原俊雄（2012）「英国における簿記教育」『横浜経営研究』第 33 巻第 1 号，61-70 頁。
久野秀男（1977）「英国古典簿記書（1543 年～ 1887 年）の発展史的研究（2）」『學習院大學經濟論集』第 14 巻第 1 号，16-107 頁。
渡邉泉（1983）『損益計算史論』森山書店。
─────（1993）『決算会計史論』森山書店。

（原　　俊雄）

第6章

ドイツの大学における簿記教育の現状
―FAU の事例―

1 はじめに

　本章では，ドイツの大学における簿記教育の現状を探るべく，バイエルン州にあるフリードリッヒ＝アレクサンダー大学エアランゲン＝ニュルンベルク（Friedrich-Alexander-Universität Erlangen-Nürnberg，以下 FAU）で行われている簿記教育の検討を行う。具体的には，まず，カリキュラムにおける簿記の位置づけを確認する。次に，授業で使用されている Scheffler, W., Köstler, M., und Oßmann, S.（2012）*Buchführung* を取り上げ，日本の教科書を念頭におきつつ，その特徴を述べる。そして最後に，以上を踏まえて，FAU で行われている簿記教育は，財務諸表を作成するための簿記，いわゆる財表簿記の色合いがきわめて濃いものであることを指摘する。

2 カリキュラムにおける簿記の位置づけ [1]

(1) 科目名称と授業時間

　FAU における簿記の授業科目は，経済学部（Fachbereich Wirtschaftswissenschaften）に置かれている。その科目名称は「簿記（Buchführung）」と表記されているが，同時に「会計（Accounting）」という英語表記も付されている。ま

た，授業は1コマ90分，週1コマ，計13コマという少ない時間の中で行われている。期末試験は90分で，パソコンを使って行われている（elektronische Prüfung）。ちなみに，シラバス（Modulhandbuch）に記載されている履修計画表をみると，1セメスターあたり5コマの履修が想定されていることがわかる。

(2) 対象学生と配当年次

簿記は経営経済学（Betriebswirtschaftslehre），国民経済学（Volkswirtschaftslehre），経済情報学（Wirtschaftsinformatik）など，複数の専攻領域の必修科目として位置づけられており，第1セメスター（1年次冬学期）での履修を念頭において，カリキュラム全体の中に組み込まれている。言い換えると，簿記は，経営経済学を専攻する学生だけでなく，その他の経済学の領域を専攻する学生にとっても，履修を体系的に進めていく上での基礎的な科目として位置づけられている。

(3) 他の科目との関連について

経営経済学専攻の学生が履修しなければならない必修科目は，次の5つの領域からなっている。すなわち「概論（企業の世界）」，「経済学の方法論基礎」，「経営経済学（企業とその活動）」，「国民経済学（企業とそれを取り巻く社会）」および「法律」の5つである。このうち簿記が含まれているのは「経済学の方法論基礎」である。そこには，簿記のほかに，IT（情報技術），数学および統計学なども含まれている。「経営経済学」に含められているのは，販売（Absatz），財務会計（Jahresabschluss）および生産・ロジスティクス・調達の3科目である。また，「国民経済学」には，マクロ経済学，ミクロ経済学などが含められている。このようにFAUの必修科目は，非常に幅広い分野の科目から構成されている。

会計系の科目に絞って見てみると，財務会計が，簿記と同様に必修科目として位置づけられている（専攻によっては必修ではない場合もあるが，多くの経済学部生にとっては必修である）。その財務会計は第2セメスター（1年次夏学期）に配当されている。その他の科目としては，原価計算と管理会計（第3セメスター），企業価値評価の手法（第3セメスター以降），会計政策と財務諸表分析（第4セメスター），法人税（第4セメスター以降）などがある。

⑷ 小　括

　以上において見てきたように，簿記には，会計学のみならず，経営経済学や国民経済学など，経済学の広範囲にわたる諸科目のための入口科目として，その役割を果たすことが期待されているといえる。また，簿記はそうした入口科目としての役割を，限られた少ない時間の中で果たすことが求められている。このことから，簿記教育の内容に関して推察されることは，財務諸表情報の作成や読解スキルの修得に重点が置かれているであろうということ，そして個々の帳簿（とりわけ補助簿）に関する記帳方法や財産管理手法の修得は，ほとんど，あるいはまったく顧みられていないであろうということである。次節では，これを確認するべく，授業で実際に使用されている教科書を見てみる。

3　FAUで使用されている教科書の特徴

⑴　簿記の機能（目的）

　FAUで教科書として使用されているScheffler et al.（2012）では，会計は，情報の受け手によって，内部会計（internes Rechnungswesen）と外部会計（externes Rechnungswesen）とに区分されている。内部会計における情報の主な受け手は管理者であり，外部会計では債権者および資本提供者である。そして簿記は，外部会計の一部として位置づけられている（Scheffler et al. 2012, 2-4）。

　また，Scheffler et al.（2012）によれば，簿記には，文書化機能（Dokumentations-funktion）と情報機能（Informationsfunktion）の2つの機能があるという。文書化機能とは，財産ないし資本の金額または構成に変動をもたらす経済事象のすべてを，時系列的・体系的に遺漏なく描写し文書化することである。つまり，仕訳帳と元帳に記録することである。また，情報機能とは，事業主（Unternehmer），銀行，顧客，仕入先，従業員などに対して，企業の経済状態に関する情報を与えることである（Scheffler et al. 2012, 4-5）。つまり，記録を決算書などにまとめ，利害関係者や情報利用者に開示することである。

　以上の内容は，日本では通常，簿記ではなく，会計学もしくは財務会計の教

科書で説明される。ここに Scheffler et al. (2012) の特徴の1つが見られる。

(2) 帳簿および帳簿間関係

Scheffler et al. (2012) では，帳簿および帳簿同士の関係は，図表6-1を用いて次のように説明されている。取引事象は，証憑書類（Belege）に基づいて，仕訳帳（Grundbuch）と元帳（Hauptbuch）の2つの帳簿に記録される。仕訳帳は取引事象を時系列的に整理するためのものである。また，元帳は取引事象によって生じる財産・資本の変動を物的（sachlich）すなわち財産・資本別に整理するためのものである。補助簿（補助元帳）（Nebenbücher）は，元帳における財産ないし資本をさらに細かく分類して記録するためのものである。補助簿の具体例としては，未収入金や未払金[2]の相手先別の記録[3]が挙げられる（Scheffler et al. 2012, 13-14）。

以上の内容からすると，Scheffler et al. (2012) では，帳簿および帳簿間の関係について詳細かつ広範な説明がなされているように感じられるかもしれない。しかし，その記述量は，全350頁のうちの4頁ほどでしかない。また，補助元帳以外の補助簿（現金出納帳や売上帳など）の説明や例示は見られ

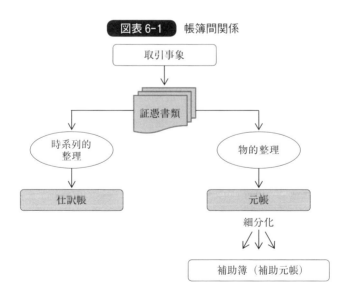

図表6-1　帳簿間関係

出所：Scheffler et al. (2012), 14.

ない。さらに，仕訳帳や元帳についてさえも，帳簿本来の姿は見られず，取引記録の説明は，もっぱら仕訳形式もしくは T 勘定で行われている。簿記は帳簿記入の略ともいわれるが，帳簿に関しては，日本の大学テキストと比較して，Scheffler et al. (2012) では明らかに記述量が少ない。ここに1つの大きな特徴が見出される。

特徴と呼べる点は他にもある。取引の記帳にあたって，証憑書類の重要性が強調されている点がその1つである[4]。また，仕訳帳と元帳の並列的な関係が強調されている点も挙げられる。仕訳帳と元帳の関係について，原始記入簿（大藪2010, 34）という言葉があるように，しばしば日本の大学テキストでは「仕訳帳→元帳」という転記手続の関係が強調されることが多い。しかし，Scheffler et al. (2012) では，時系列的整理と物的整理という記録内容の違いによる並列的な関係が強調されている。

(3) 法律関係

日本ではほとんど見られないが，Scheffler et al. (2012) では，簿記に関する法律や財産目録の規定がその導入部において取り上げられている[5]。たとえば，商人の簿記義務（商法238条），税法上の簿記義務（税法140-148条），財産目録（商法240条）に関する規定などである。また，会計処理に関する商法の規定が教科書全体において随所に見られる[6]。この点にも Scheffler et al. (2012) の特徴が見出される。

(4) 複式記入のルール

複式記入のルールを説明する際，日本では，取引要素の結合関係（を表した図）が用いられることが多い。取引要素の結合関係は仕訳の形をとっているため，それを覚えることによって，勘定の左右の意味を理解しなくても，仕訳ができるようになるという利点がある。ここに取引要素の結合関係が多用されてきた理由の1つがあるように思われる。あるいは，伝統的に，仕訳帳の原始記入簿としての役割が，元帳の転記簿としての役割よりも，教育上重視されてきたという理由もあるかもしれない。

これに対して，Scheffler et al. (2012) では，そもそも勘定は貸借対照表上の各項目の変動を個別に記録するためのもの（Scheffler et al. 2012, 37-39），換

言すれば，貸借対照表から派生したものと考えられており，複式記入のルールは，図表6-2の貸借対照表を用いて説明されている。

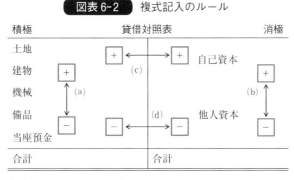

出所：Scheffler et al. (2012), 55.

(a)は積極交換（Aktivtausch）と呼ばれ，ある積極勘定における在高の増加と，別の積極勘定における在高の減少の組み合わせを表している。(b)は消極交換（Passivtausch）と呼ばれ，ある消極勘定における在高の増加と，別の消極勘定における在高の減少の組み合わせである。(c)は貸借対照表の伸長（Bilanzverlängerung）または積極消極の増加（Aktiv-Passiv-Mehrung）と呼ばれ，ある積極勘定における在高の増加と，ある消極勘定における在高の増加の組み合わせである。そして(d)は貸借対照表の短縮（Bilanzverkürzung）または積極消極の減少（Aktiv-Passiv-Minderung）と呼ばれ，ある積極勘定における在高の減少と，ある消極勘定における在高の減少の組み合わせを表している（Scheffler et al. 2012, 54-55）。いわゆる収益と費用は，ここでは，それぞれ自己資本の増加と減少として位置づけられている（Scheffler et al. 2012, 62）。

(5) 貸借対照表観

日本の簿記テキストでは，貸借対照表には，現金や売掛金，商品といった個別具体的な財産および債務が計上され，その差額として資本が右下に示されているとする財産目録的な貸借対照表観が広く一般に浸透している。これに対し，Scheffler et al.（2012）では，図表6-3のように，資金の源泉とその使途が示されているとする貸借対照表観が説明されている。この貸借対照表観は，日本

の教科書でもまったく見られないわけではないが，圧倒的に上記の財産目録的な貸借対照表観のほうが優勢である。日本では，資金の源泉・使途を表すとする貸借対照表観は，どちらかと言えば，会計学のテキストでしばしば見られる。

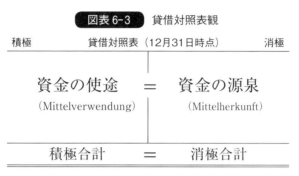

出所：Scheffler et al. (2012), 18.

(6) 勘定科目一覧

日本の簿記テキストのほとんどは，権威ある団体が作成・公表した標準勘定科目一覧に準拠している。同様の勘定科目一覧は，Scheffler et al. (2012) においても登場する。すなわち，ニュルンベルクを本拠地とする登録共同組合 DATEV（税理士や監査人向けのソフトウェアや IT サービスを提供している）によって作成・公表されている標準コンテンラーメン（Standardkontenrahmen, SKR）がそれである。

各企業は，SKR をそのまま利用するわけではなく，各自の事情に即した形にアレンジして用いる。このようにしてアレンジされた勘定科目一覧はコンテンプラン（Kontenplan）と呼ばれる（Scheffler et al. 2012, 43）。

SKR は製造業のための標準勘定科目一覧であり，それには SKR 03 と SKR 04 の 2 種類がある（図表6-4）。SKR 03 は，勘定科目の分類基準として，製造過程の流れに即した分類基準（Prozessgliederungsprinzip）をとるのに対し，SKR 04 は，決算書に即した分類基準（Abschlussgliederungsprinzip）をとる（Scheffler et al. 2012, 40）。このうち Scheffler et al. (2012) で用いられているのは SKR 04 である。なお，図表6-4の空欄箇所は，分類されるべき勘定がないことを意味している。

図表6-4 SKR 03 と SKR 04 の比較表（大分類のみ）

	SKR 03
0	固定資産および資本（負債を含む）
1	金融資産（負債を含む）および私用勘定
2	計算限定項目
3	仕入および在庫
4	経営費用
5	
6	
7	仕掛品および製品
8	売上
9	繰越勘定および統計勘定

	SKR 04
0	固定資産
1	流動資産
2	自己資本／他人資本
3	他人資本（引当金，債務など）
4	経営収益
5	経営費用（材料費，仕入など）
6	経営費用（人件費，減価償却費など）
7	その他の収益および費用
8	
9	繰越勘定および統計勘定

出所：DATEVのHP（https://www.datev.de/）から入手した無料のSKRに基づき作成。

Scheffler et al.（2012）において登場する勘定科目には，図表6-5のように，4つの数字からなる勘定番号が付されている。この勘定番号は，コンテンラーメンにおけるそれである。図表6-6のように，最初の数字は，勘定科目の大分類を表している（図表6-4の数字は大分類のそれである）。2番目，3番目の数字は，それぞれ中分類項目，小分類項目を表している。そして，4番目の数字は，具体的な勘定科目を表している。小分類以降がない場合は0（ゼロ）で表され，中分類項目が具体的な勘定科目を表すことになる。

このようなコンテンラーメン（標準勘定科目一覧）を用いているScheffler et al.（2012）の特徴として，ここでは2点ほど指摘したい。1点目は，2つあるコンテンラーメンのうち，SKR 04（決算書分類基準）を選択していることで，財表簿記の要素が強まっているということである。2点目は，勘定番号から容易に想像されるように，コンピュータによる簿記処理を想定しているということである。

図表6-5 仕訳と勘定記入の例

（借）（3300）未払金 100　　（貸）（1800）当座預金 100

(1800) 当座預金	
×××	×××
	100

(3300) 未払金	
×××	×××
100	

出所：Scheffler et al.（2012），148の例に基づき作成。

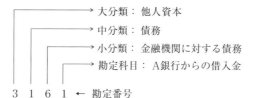

図表 6-6　勘定番号

出所：Scheffler et al.（2012），41．

(7) 試算表と精算表

　日本の教科書では，試算表は，比較的早い段階で説明される。これに対し，Scheffler et al.（2012）では，決算整理の後で説明される。しかも単独ではなく，精算表の一部として説明される。

　図表6-7は，Scheffler et al.（2012）で示されている精算表である。左から順に見ていこう。開始貸借対照表[7]の欄には，期首在高が記入される。取引高試算表（Umsatzbilanz）の欄には，期中変動額が総額（グロス）で記入される。合計試算表の欄には，開始貸借対照表と取引高試算表の合計額が記入される。残高試算表Iは決算整理前残高試算表であり，この欄には，合計試算表で計算した残高が記入される。修正記入の欄には，決算整理ないし決算にあたって判明した記入の誤り等の修正が記入される。残高試算表IIは決算整理後残高試算表であり，修正記入を施した後の残高が記入される。そして，この残高試算表IIを2つに分解する形で，決算貸借対照表と損益計算書が導かれる。

　まず，形式面からみると，この精算表は，4つの点で，日本のものと異なっている。第1に，日本では，8桁精算表が主流だが，ここでは16桁である。第2に，日本では，決算整理前の残高試算表Iからスタートするが，ここでは開始貸借対照表からスタートしている。そして，その結果，取引高試算表が独立している。第3に，決算整理後の残高試算表が作成されている。そして第4に，損益計算書と決算貸借対照表の欄の順番が入れ替わっている。

　次に，内容すなわち精算表の役割について見てみる。日本の大学における伝統的な簿記テキストとして定評のある大藪（2010）によれば，精算表は，複雑かつ重要な帳簿決算を誤りなく正確に進めていく上での手がかりになると

第6章 ドイツの大学における簿記教育の現状—FAUの事例—

図表6-7 精算表

勘定	開始貸借対照表		取引高試算表		合計試算表		残高試算表I		修正記入		残高試算表II		決算貸借対照表		損益計算書	
	積極	消極	借方	貸方	借方	貸方	借方	貸方	借方	貸方	借方	貸方	積極	消極	借方	貸方
……	……	……	……	……	……	……	……	……			……	……	……	……		
原材料・補助材料・工場消耗品（在高）	6,000				6,000		6,000		25,500		31,500		31,500			
……	……	……	……	……	……	……	……	……			……	……	……	……		
販売・提供による債権	—		79,722	73,072	79,722	73,072	6,650		1,000		7,650		7,650			
債権に対する価値修正合計額	—			266		266		266		40		306	△306			
……	……	……	……	……	……	……	……	……			……	……	……	……		
現金	2,225		5,569	3,689	7,894	3,689	4,205			100	4,105		4,105			
自己資本		20,325				20,325		20,325				20,325		20,325		
……	……	……	……	……	……	……	……	……			……	……	……	……		
売上高				44,780		44,780		44,780		1,000		45,780				45,780
……	……	……	……	……	……	……	……	……			……	……	……	……		
原材料・補助材料・工場消耗品			46,070		46,070		46,070			25,500	20,570				20,570	
債権の切下額			26,736		26,736		26,736		40		26,776				26,776	
その他の経営費用			200		200		200		100		300				300	
合計	30,525	30,525	814,429	814,429	844,954	844,954	372,571	372,571	26,640	26,640	346,257	346,257	190,677	136,770	149,490	203,397
											利益			53,907	53,907	
											合計	190,677	190,677	203,397	203,397	

出所：Scheffler et al. (2012), 331.

いう（大藪2010, 58）。Scheffler et al.（2012）では，精算表を，継続的な簿記と決算書の作成とを結びつける仲介役（Hauptabschlussübersicht als Bindeglied zwischen laufender Buchführung und Jahresabschlusserstellung）として説明している。表現は違うけれども，これは大藪（2010）の説明と軌を一にするものと考えられる。しかし，Scheffler et al.（2012）の説明はこれにとどまらず，次のように，精算表は会計政策の基礎として役立つと述べており，1つの大きな特徴が見出される。すなわち「企業は，精算表をつうじて，決算手続を差し当たり簿外で行い，決算書へのその影響がどのようなものであるかを実演して確かめる（demonstrieren）ことができる（会計政策の基礎としての精算表Hauptabschlussübersicht als Grundlage der Bilanzpolitik）」と説明している（Scheffler et al. 2012, 320）。

このようにScheffler et al.（2012）では，精算表には，継続簿記と決算書とを中継するという役割にとどまらず，決算手続によってもたらされる決算書への影響を簿外で実演して確かめるという会計政策の基礎としての役割も期待されており，これにより，簿記の財表簿記としての側面がいっそう強調されたものとなっている。また，試算表の説明がそれ単体で行われず，精算表の一部として教科書の終わりのほうで行われているのは，手書きの簿記を前提にした日本の教科書では考えられないものである。おそらくコンピュータ簿記を想定しているからだと思われる。

以上，Scheffler et al.（2012）の内容を吟味してきた。その過程で明らかになったことは，第2節で推察したとおり，財務諸表情報作成ツールとしての簿記の側面が，日本の大学テキストと比べて，より一層強調されているということである。もちろん，財表簿記とは直接には関わりがないように思える点（たとえば法律への言及，コンピュータ簿記など）や，帳簿についてより深く，あるいは別の角度から踏み込んでいる点（たとえば仕訳帳と元帳の並列関係の強調，人名勘定の意義，証憑書類の強調など）も見られる。しかし，財表簿記としての要素は，そのこと以上に強調されていると考えられる。

4　おわりに

カリキュラムおよび教科書を検討した結果，FAUで行われている簿記教育

は，帳簿記入や財産管理の要素をできるだけ圧縮ないし捨象し，財務諸表情報の作成や読解スキルの修得に，より力を入れたものであるということがわかった。

カリキュラムの検討からは，FAU での簿記は，会計学だけではなく，広範な経済学諸科目の基礎科目として位置づけられており，したがって財表簿記の方向に偏らざるをえないということが推察された。

教科書の検討からは，財表簿記の要素を強めている点が複数，確認された。第1に，簿記は，外部会計の一部として位置づけられ，事業主や銀行等に対して情報を提供する機能を有するとされていた。第2に，帳簿間の関係に関する説明は4頁しかなく，しかも仕訳帳と元帳については，その本来の帳簿の姿はみられず，仕訳形式と T 勘定で済まされていた。第3に，貸借対照表は資金の源泉と使途を表すものと説明されていた。この説明は，日本では，簿記ではなく会計学ないし財務会計の教科書で比較的見られるものである。第4に，複式記入のルールを説明するために，貸借対照表が用いられていた。これは，勘定を主要な決算書の1つである貸借対照表から派生したものとして考えているからである。第5に，勘定科目一覧として，2つの候補がある中から，決算書に即した勘定分類法に基づく SKR 04 が選択・利用されていた。そして第6に，精算表について，決算記入による決算書への影響をあらかじめ簿外で確認・実演できることから，会計政策の基礎として役立つと述べられていた。これらは，いずれも財表簿記としての側面を強調しているといえるだろう。

補論　その他の教科書における帳簿組織の位置づけ

特殊仕訳帳制あるいは仕訳帳の分割に言及しているドイツ語圏の研究書もしくは教科書として，かつては Hügli（1887）や Schär（1922）などが有名であった。とりわけ，Hügli（1887）は「19世紀末に欧州諸国の会計制度および簿記文献に関する広汎な調査を行い」（黒澤 1951, 82），「従来実際に行われた所の諸々の簿記法を"簿記体系"と"簿記形態"とによってまとめ上げ」（畠中 1932, 287）たものとして知られている。

今日のドイツでは，そのような文献は少なく，むしろコンテンラーメンやコンピュータ簿記（EDV-gestützte Buchhaltung）の説明のほうに力を注いでいる

教科書が多いというのが筆者の印象である。たとえば，Döring und Buchholz（2015）では，独立した1つの章として「簿記の組織」が設けられ，30頁にわたってその説明が行われているが，そのうち26頁はコンテンラーメンやコンピュータ簿記についてのものである。残りの4頁のうち3頁は，仕訳帳，元帳，そして証憑書類の説明に充てられている。残りの1頁では，「旧来の簿記（Konventionelle Buchhaltung）」というタイトルの下，転記式簿記（Übertragungsbuchhaltung），複写式簿記（Durchschreibebuchhaltung），ルーズリーフ式簿記（Lose-Blatt-Buchhaltung）などの手書きを前提にした記帳技術とその課題（手数を要する，時間がかかる，計算ミスが多いなどの課題）について触れられている（Döring 2015, 179-210）。

　Engelhardt, Raffée und Wischermann（2010）でも同様に，「簿記の組織」の章が設けられ，10頁にわたってその説明が行われているが，そのうち7頁はコンテンラーメンについてのものである（Engelhardt et al. 2010, 187-196）。ただし，その一方で，Engelhardt et al.（2010）では，仕訳帳の分割について幾らか詳しい説明がなされている。すなわち，複式簿記の組織を，証憑書類，仕訳帳，総勘定元帳および補助元帳の4つに区分・整理した上で，「時系列的な記録を財産・資本の区分（sachliche Differenzierung）と関連づけて行うほうがよい場合には，仕訳帳（Grundbuch）を複数の仕訳帳（mehrere Grundbücher）に分割することもできる。そのような同時並行的に記録される特殊仕訳帳の例として，現金出納帳，仕入帳，売上帳，そして場合によっては，当座預金出納帳が挙げられる」と述べられている（Engelhard et al. 2010, 187）。なお，その他に，Engelhardt et al.（2010）では，転記式簿記や複写式簿記の説明に加えて，証憑の写しを仕訳帳や仕入先・得意先元帳に転用する証憑簿記（Beleg-Buchführung：伝票会計）についても説明が行われている。また，コンピュータ簿記についても触れられている（Engelhardt et al. 2010, 188-189）。

　小規模経営（手工業マイスター経営）の事業者向けに書かれたLigniez（2013）では，「簿記の組織と帳簿：年次決算と電子的会計報告（E-Bilanz）」という章において，仕訳帳と総勘定元帳の説明がなされた後，補助簿ないし補助元帳の例として，交互計算帳（仕入先・得意先元帳）（Kontokorrentbuch），仕入帳，現金出納帳，賃金台帳が取り上げられている（Ligniez 2013, 241-244）。ただし，章のタイトルで「電子的会計報告（E-Bilanz）」と書かれていること，ま

た本の副題が「コンピュータ簿記への導入（mi einer Einführung in die EDV-Buchhaltung）」となっていることから，コンピュータ簿記に比重を置いた教科書であると考えたほうがよいであろう。

　コンピュータ簿記の普及あるいは技術的進歩により記帳実務の省力化・自動化が進んでいる今日においては，補助簿への記入の仕方や帳簿間の関係を学習する意味が急速に薄まりつつあるように思われる。しかし，それでも，証憑書類（証拠）に基づいた記録を残しておくという文書化機能（Dokumentationsfunktion）と，事業主あるいは内部管理者が自らの意思決定のために帳簿を役立てるという情報機能（Informationsfunktion）とからなる簿記の2大機能（Scheffler et al. 2012, 4-5）は失われることはないであろう。むしろ，コンピュータによってデータベースから必要な情報をソートして取り出すことが瞬時にできるので，そういう意味での簿記の情報機能はますます強化されていくのではないだろうか。

● 注

1　ここでの記述は，FAU経済学部HPに掲載されている情報ならびにシラバスを参考にしている。
　　FAU経済学部HP https://www.rw.fau.de/fakultaet/fachbereich-wirtschaftswissenschaft/　FAU経済学部シラバス（Modulhandbuch Bachelor WS17/18）https://www.wiso.rw.fau.de/studium/im-studium/modulhandbuecher/
2　売掛金や買掛金に相当する勘定科目は見られない。すなわち営業上の債権債務とそれ以外の債権債務とを分ける発想は見られない。なお，未収金と未払金の原語は，それぞれForderungen aus Lieferungen und Leistungen と Verbindlichkeiten aus Lieferungen und Leistungen である。直訳すれば，前者は財の販売・売却やサービスの提供による債権であり，後者は財やサービスの購入による債務である。
3　取引先別の記録を行う補助元帳については，次のようにさらに踏み込んだ具体的な説明もなされている。すなわち「債権債務の取引先別記帳（Kontokorrentbuchhaltung）を行うことによって，事業主はいつでも，顧客に与えた信用高および仕入先等から受けた信用高を確認でき，より良い管理を行うことができる。（未収金や未払金の―筆者）人名勘定への細分化は，とりわけ支払いが期日内に行われているかどうかを監視し，催促するのに役立つ」と（Scheffler et al. 2012, 44）。
4　実際に，Scheffler et al.（2012）では，仕入先から受け取った計算書や得意先に送付した計算書の例示（架空）が4頁にわたって掲載され，それに基づいて，商品売買（付加価値税を含む）の記帳が具体的に説明されている（Scheffler et al. 2012, 124-127）。また，別の個所では，給与支払明細書の例示（架空）が2頁にわたって掲載され，それに基づいて，人件費（各種税金，保険料，年金を含む）の記帳が具体的に説明されている（Scheffler et al. 2012, 177-178）。

5 安藤（2001）でも，ドイツの簿記書の特徴として同様のことが指摘されている（安藤 2001，16，31）。
6 一例を紹介すると，ドイツ商法では，製造業の利益計算法（損益計算書の表示方法）として総原価法（Gesamtkostenverfahren）と売上原価法（Umsatzkostenverfahren）の2つが定められているが，Scheffler et al.（2012）では，両者の計算方法の違いが下記の表を用いながら次のように説明されている。なお，誤解のないようにあらかじめ述べておくと，2つの方法によって計算される利益の金額は同じである。「総原価法（製造的方法 Produktionsverfahren）は製造成果を算定するものであり，当期に得られた製造収益とすべての製造費用とを比較することによりこれを行う。そのために，当期に製造されたすべての生産品が収益として計算される。この収益の計算には，当期に販売された財だけでなく，未販売の生産品，すなわち未完成品有高および完成品有高として当期末時点で企業内に存在している生産品も含められる。この収益と比較される費用は，販売された，もしくは製造されたすべての財を製造するためにかかった製造原価である。一方，売上原価法（売上計算 Umsatzrechnung）の場合には，収益として売上高のみが計算され，その収益と，販売された生産品のために必要とされた費用とが比較される。売上原価法は，利益を算定する上で，当期に販売された財によって実現した収益を計算し，販売された財を製造するのに要した費用と比較する。その際，前期の在庫に由来する生産品が当期に販売されたならば，前期に生じた費用も計算に含めることになる」（Scheffler et al. 2012，164-165）。

〈総原価法と売上原価法の比較〉

共通	利益＝	収 益	—	費 用	
総原価法 （商法275条2項）	利益＝	売上高	＋棚卸資産 増加高	製造費用	
売上原価法 （商法275条3項）	利益＝	売上高		製造費用	－棚卸資産 増加高

出所：Scheffler et al.（2012），165.

7 帳簿決算においていわゆる大陸式決算法がとられていることも，日本と比較した場合のScheffler（2012）の特徴といえる。大陸式決算法では，開始残高勘定が設けられ，個々の勘定への開始記入は，開始残高勘定を相手勘定として行われる。これにより，開始残高勘定は，前期の閉鎖残高勘定（決算残高勘定）の貸借を反対にした形で表されることとなる（Scheffler et al. 2012，49-52）。

● 参考文献 ──────────

Döring und Buchholz（2015）*Buchhaltung und Jahresabschluss*, 14.Auf., Berlin:Erich Schmidt Verlag.
Engelhardt, W. H., Raffée, H. und Wischermann, B.（2010）*Grundzüge der doppelten Buchhaltung*, 8.Auf, Wiesbaden : Gabler.
Hügli, F.（1887）*Die Buchhaltung-Systeme und Buchhaltungs-Formen―Ein Lehrbuch der Buchhaltung*, Bern.
Ligniez, G.（2013）*Buchführung im handwerklichen Meisterbetrieb―mit einer Einführung in die EDV-Buchhaltung*, 23.Auf., Rinteln : Merkur Verlag Rinteln.
Schär, J. Fr.（1922）*Buchhaltung und Bilanz*, 5.Aufl, Berlin. ／林良治訳（1977・1977）『シェアー簿記会計学』［上・下巻］新東洋出版社．

Scheffler,W., Köstler, M., und Oßmann, S. (2012) *Buchführung*, 7 Auf., Nürnberg : CL-Druckzentrum.
DATEVのサイト
<https://www.datev.de/>
Friedrich-Alexander-Universität（FAU）経済学部
<https://www.rw.fau.de/fakultaet/fachbereich-wirtschaftswissenschaft/>［Accessed 31 March 2018］．
FAU経済学部シラバス（Modulhandbuch Bachelor WS17/18）
<https://www.wiso.rw.fau.de/studium/im-studium/modulhandbuecher/>［Accessed 31 July 2016］
安藤英義（2001）『簿記会計の研究』中央経済社。
大藪俊哉編著（2010）『簿記テキスト〔第5版〕』中央経済社。
黒澤清（1951）『簿記原理〈改訂版〉』森山書店。
畠中福一（1932）『勘定学説研究』森山書店。

（西舘　司）

第7章

フランスにおける帳簿組織とコンピュータ環境における展開

1 はじめに

　本章の目的は，先行研究により明らかにされてきたフランスにおける帳簿組織の特質が，最近のコンピュータの利用を前提としても基本的には変わらず受け継がれてきていることを明らかにすることである。

　フランスの会計帳簿または帳簿組織を対象とした優れた先行研究が日本には多く存在する（たとえば，青木（1975），安藤（1997），五十嵐（2002a），岸（1975），三光寺（2011），野村（1991）など）。本章では，まずこれら先行研究に学びながら，総合化システム（système centralisateur）の帳簿組織について概観する。次いで，フランスの会計帳簿の基礎となるプラン・コンタブル・ジェネラル（Plan comptable général：PCG）の勘定の枠組み（cadre comptable）を取り上げる。その後，コンピュータの利用を前提とした環境（以下，コンピュータ環境という）における会計帳簿について考察し，総合化システムの帳簿組織が受け継がれていることを明らかにするとともに，コンピュータ環境における会計帳簿に関して注目される点を指摘する。なお，ここでコンピュータ利用という場合には，本章第4節で取り上げるように，コンピュータの通信機能およびネットワーク技術も含めて考えている。

2 フランスにおける帳簿組織

(1) 伝統的システム

フランスでは，商法典（Code de commerce）およびPCG[1]が，仕訳帳，元帳の作成を義務づけている（R.123-173条；ANC 2014, 912-1条）[2]。これら2つの会計帳簿を一般的に伝統的システムという（Collase 2003, 166；Degos et Leclère 2000, 651）。

(2) 総合化システム

企業規模が大きくなるにつれて伝統的システムは適合しなくなった。企業における分業化の必要性が，複数の補助簿を利用する総合化システムへの移行を促したといわれる（Degos et Leclère 2000, 653）。このシステムは，野本・青木（1964, 238）によれば，高度に分割された特殊仕訳帳制と総合仕訳帳制を併有する帳簿組織といわれる[3]。具体的には，証憑を起点とし，売上帳，仕入帳，現金預金出納帳，手形記入帳等の補助仕訳帳から一般仕訳帳を経由して総勘定元帳へ転記が行われるとともに，得意先元帳，仕入先元帳にも転記・集計が行われる（図表7-1参照）。こうした帳簿組織は，ド・ラ・ポルト（M. de la Porte）の著書『商人と簿記方の学』（1704年），デザルノー・ド・レジナン（B. Desarnaud de Lézignan）の著書『商業会計と複式簿記に関する試論』（1825年），ルフェーブル（H. Lefèvre）の著書『会計学　理論，実務及び教育』（1882年）などにおいて発展された[4]。

商法典およびPCGにおいても，重要性と企業のニーズを勘案して，仕訳帳および元帳が，補助仕訳帳および補助元帳に分割されること，補助仕訳帳および補助元帳の記入は，少なくとも月1回，仕訳帳および元帳に総合記入されることを規定している（R.123-176条；ANC 2014, 912-2条）。

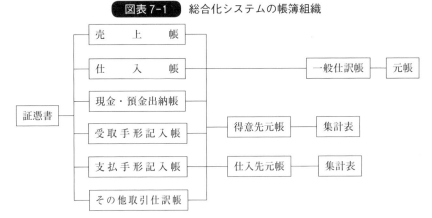

図表 7-1　総合化システムの帳簿組織

出所：野本・青木（1964），240。[5]

3　勘定計画

周知のように，フランスでは PCG が勘定の枠組み，一般勘定計画（plan de comptes général），勘定計画設定の規則，勘定の分類を規定している。勘定の枠組みと勘定計画は，フランスにおける会計帳簿を議論する際に避けて通れないものと考えられるため，本節でその特徴を概観する。

(1)　勘定の枠組み

勘定の枠組みとは，2桁の番号の勘定をクラス別に一覧表示した勘定計画の要約である。そして，この場合の勘定計画とは，勘定の体系的な一覧表である（中村他訳 1984, 14, 27）。

PCG は，次の勘定の枠組みを示す（図表 7-2 参照）。

第7章 フランスにおける帳簿組織とコンピュータ環境における展開

図表7-2　勘定の枠組み

貸借対照表勘定				
クラス1	クラス2	クラス3	クラス4	クラス5
資本勘定 (自己資本，その他の自己基金，固定負債等)	固定資産勘定	棚卸資産勘定	第三者勘定	財務勘定
10　資本金，積立金	20　無形固定資産	30　―	40　仕入先等	50　一時所有有価証券
11　繰越損益	21　有形固定資産	31　材料(および用品)	41　得意先等	51　銀行その他の金融機関
12　当期損益	22　委譲対象固定資産	32　その他の調達品	42　従業員等	52　現金性金融商品
13　投資助成金	23　建設仮勘定	33　仕掛品	43　社会保障機関その他の社会機関	53　現金
14　法定引当金	24　―	34　仕掛用役	44　政府その他の公共団体	54　前払管理および信用状
15　引当金	25　―	35　製品	45　企業集団および関連会社	55　―
16　固定負債	26　資本参加および参加関連債権	36　―	46　その他の債権債務	56　―
17　資本参加関連債務	27　その他の金融固定資産	37　商品	47　仮勘定	57　―
18　事業所，参加会社連絡勘定	28　固定資産償却累計額	38　―	48　調整勘定	58　内部振替
19　―	29　減損累計額	39　棚卸資産減価額	49　第三者勘定減価額	59　財務勘定減価額

経営勘定		特殊勘定
クラス6	クラス7	クラス8
費用勘定	収益勘定	
60　仕入(603勘定を除く) 603　棚卸資産増減額(調達品および商品)	70　売上・用役提供高	このクラスの勘定は，クラス1からクラス7に属さない特殊勘定を収容する
61　外部用役費	71　製品等棚卸増減額	
62　その他の外部用役費 63　租税公課	72　固定資産自家建設高	
64　人件費	74　営業助成金	
65　その他の経営費用	75　その他の経営収益	
66　財務費用	76　財務収益	
67　臨時費用	77　臨時収益	
68　償却費，減損繰入額および引当金繰入額	78　償却戻入額，減損戻入額および引当金戻入額	
69　従業員参加額および所得税等	79　費用振替	

出所：ANC (2014), 931-1条。

野村（1991）によれば，勘定の枠組みは勘定計画の縮図であるとされ，勘定の枠組みを PCG で示して企業の会計担当者に使用する勘定の全体観を与え，企業の勘定処理のコード化を容易にし，それによって会計標準化の実施を促進する効果を与えることが意図されると指摘される（野村 1991, 150）。

(2) 勘定計画設定の規則

企業の勘定計画は，PCG のものを参照して作成され，会計基準に従って取引を記録することができるように，十分詳細なものでなければならない。会計基準で予定されている勘定が，企業のすべての取引を明瞭に記録するために十分ではない場合には，企業は必要な下位勘定を開設することができる。逆に，会計基準で予定されている勘定が，企業の必要に照らして詳細すぎるならば，勘定計画によって開設可能なものに従って，複数の勘定を同レベルの 1 つの集合勘定に，またはさらに縮約されたレベルの 1 つの集合勘定にまとめることができる（ANC 2014, 933-1 条）。

(3) 勘定分類

PCG の勘定分類の特徴は，10 進法分類の採用と，これによって設定した勘定への取引分類規準の導入にみられる。

① 勘定の 10 進法分類

図表 7-2 に示したように，貸借対照表に関する取引は，5 つの勘定クラスに分けられ，損益計算書に関する取引は，2 つの勘定クラスに分けられる。

このような勘定のクラス別配列については，野村（1991）によれば，企業の存続性ないし経営活動の状況に対応させて配列が工夫されているとされる。すなわち，企業の設立，運営に必要な資本をまずクラス 1 に収容し，この資本によって運用した固定資産，棚卸資産をクラス 2, 3 に収容する。このような企業取引を通じて企業と第三者との関連が生じ，これをクラス 4 に位置づける。財務取引はクラス 5 を用いる。そして経営活動に基づく業績を明瞭に表示するためにクラス 6, 7 を用いるとしている（野村 1991, 150）。

勘定の枠組みは，1 桁の各クラスと 2 桁の各勘定を一覧表にまとめている。PCG では，一般勘定計画として，1 桁の各クラスと 2 桁の各勘定にくわえて，

3桁および5桁の番号を付した諸勘定を示している。勘定に割り当てられた番号における数字の配置も，当該勘定に記入する取引の分析にあたり意味をなしている（Morvan et Dos Santos 2017, par.334-5）[6]。

② 分類規準

Morvan et Dos Santos（2017）によれば，勘定分類の規準として，取引の体系的分類規準と，財務諸表作成のための一般的分類規準と呼ばれる2つの規準が示される。

取引は，その性質に対応する科目名の勘定に記録される（ANC 2014, 911-5条）。そのため，集合しようとしている取引の経済的性質に従って，クラスおよび2桁の勘定の同質性を勘定計画内で保証しようとするものとして，取引の体系的分類規準が位置づけられる。

勘定計画では「関連勘定」（comptes rattachés）という概念が用いられる。これは，勘定が同一経済主体に関わるすべての取引の調査を可能にすることを目的とするものである。たとえば，勘定40「仕入先等」は，買掛金であれ，支払手形であれ，請求書未着のもの（すでに期限が到来した利息を含む未払費用）であれ，仕入先に対するすべての債務を集計する。

勘定計画における体系的分類規準とは別に，財務諸表の作成にあたって，会計記録の対象となる取引を次の一般分類規準によって区分することが必要となる（Morvan et Dos Santos 2017, par.334-6）。

・貸借対照表では，企業における財の用途による分類（固定資産，棚卸資産など）
・損益計算書では，年度成果を構成する費用および収益の性質による分類

4　コンピュータ環境における会計帳簿

(1) 帳簿記入の原則

フランスでは，商法典およびPCGが，帳簿記入の原則を規定している。当該原則は，手作業による帳簿記入を前提としているが，コンピュータ処理による帳簿記入にも適用される。その概要は，次のとおりである。仕訳は，複式簿

記システムに従って記入される（ANC 2014, 921-1条）。企業の財産に影響する変動は，日付ごとに[7]，取引ごとに[8]，仕訳帳に記録される。あるいは，取引の合計を少なくとも月ごとに要約して記録する。ただし，後者の場合には，取引を，日付ごとに，取引ごとに検証することができるように，すべての書類を保存していることを条件とする（R.123-174条；ANC 2014, 921-2条）。

仕訳帳および財産目録帳の記録が最終的なものであるという特性を確実なものとしなければならず，そのためにコンピュータ・システムによって記帳される会計については，記録の修正または削除を一切禁止する認証手続（procédure de validation）が必要とされ，その他の会計については，余白または改ざんが一切ないものでなければならない（L.123-22条；ANC 2014, 921-3条）。締切手続（procédure de clôture）は，記録の発生順を確定し，記録の不可侵性（intangibilité）を保証するためのものであり，遅くても翌会計期間終了前までに実施される。コンピュータ処理による会計において，取引の日付がすでに締め切られた期間のものである場合には，当該取引はまだ締切がされていない期間の初日付けで，事後処理日であることを明らかにする記載とともに記録される（ANC 2014, 921-4条）。

(2) コンピュータ環境における会計帳簿の特徴

コンピュータによる会計処理には，取引を根拠づける物質的な形跡が減少，さらには失われるという特徴がある。前述の帳簿記入の原則により，コンピュータ環境における会計帳簿についても，すべての取引について，原資料から最終合計まで，あるいはその逆の追跡が可能でなければならないとされる。Morvan et Dos Santos（2017, par.332-1 à par.332-9）によれば，コンピュータ環境における会計帳簿の場合には，次の諸点が問題になると解される。情報処理システム，記録媒体の証拠能力，ドキュメンテーション，データの保存である。

① 情報処理システム

情報処理システムは，次のもので構成される。

- 中央装置に接続された機器で，その統制下で機能するもの（入出力周辺装置，補助記録装置など）
- すべてのアプリケーションを実行するために用いられるソフトウェア

② 記録媒体の証拠能力
(i) システムによって処理されるデータ

　情報処理システムに入力された会計データはすべて，直接に理解できる形式で，紙面に，場合によっては証拠に関してすべての保証を与えるすべての媒体に記録される（ANC 2014, 911-4条）。これらのデータは，証憑に書き留められた情報を転写により，あるいは記録媒体の読取りまたは他の情報システムに保持されている情報の伝送により情報処理システムに入力される（Morvan et Dos Santos 2017, par.332-3）。

(ii) 認証手続（procédure de validation）

　前述のとおり，仕訳帳の記録の確定的な特性は，コンピュータ処理による会計においては，認証手続によって保証される。認証手続は，記録のあらゆる修正または削除を禁止するものでなければならない。Morvan et Dos Santos（2017, par.332-3）によれば，帳簿記入の認証手続は3段階に区分される。

> a. 仕訳の認証の前（「帳場出納帳（brouillard; 仕訳帳への転記前の下書）」と呼ばれる方法でのデータ収集・入力）
> 　システム利用者は，帳簿記入するすべての要素を修正することができる。事実，利用者によって認証が要求されない間は，仕訳は，中間ファイル（un fichier imtermédiaire）に何度も保存されて，実際は会計システムの一部を構成していない。結果的に，この段階においてはシステムの正規性（régularité）を評価する必要はない。
> b. 狭義の認証
> 　これは，ソフトウェアの機能による自発的，積極的な情報処理の段階であり，仕訳の諸要素の一部の事後的な修正をすべて不可能にするような方法で，当該諸要素を確定することである。補助記入帳の記入が，少なくとも月1回，仕訳帳に総合記入されなければならないことを考慮すれば，仕訳の認証も月ごとに実行されることが必要となる。
> 　その結果，1会計期間で少なくとも12回の認証（各月に1回）が必要となるが，逆に月次の認証がなされない間は，当月中の補助記入帳の修正は可能である。
> c. 仕訳の認証の後
> 　帳簿記入の認証の後にしか作成できない仕訳帳を用いて，会計システムは開始する。この段階においてシステムの正規性を評価することが適当である。

(iii) 修正の追跡可能性

認証された記帳に関して，もし誤謬が発見されたならば，修正記入によってのみ訂正が可能である。

(iv) 締切手続

前述のとおり，締切手続は，記録の発生順を確定し，記録の不可侵性 (intangibilité) を保証するためのものであり，遅くとも翌会計期間終了前までに実施される。仕訳の修正または削除を目的として締め切られた会計期間を再開することは，当然禁止される（ANC 2014, 921-3, 921-4条）。記録の不可侵性は，情報処理のロジックの不可逆性と，媒体の物理的な不可逆性とを意味する。ロジックの不可逆性に関しては，記録されたデータの改ざんを防ぐ認証手続と，会計記録の全体とその発生を確定する締切手続が，重要になる。また，媒体の物理的な不可逆性は，データを保存する媒体自体が変質しないことを意味する（CNC 1992, 22-28）。

③ ドキュメンテーション

コンピュータ・システムによって記帳される会計組織には，記述による，完全で，明解で，正確な会計のドキュメンテーションが含まれる。このドキュメンテーションは，特にコンピュータ環境が進展または変化した場合に，常に改訂されなければならない。このドキュメンテーションは，組織全体，手続および会計処理全体を描写し，特に記録状況および仕訳の保存についての検査に必要なテストを行うために，分析，プログラミング，処理の実行に関する技術的ドキュメンテーションによって補完される（ANC 2014, 911-4条）。

④ 保存記録（archivage）の手続

Morvan et Dos Santos（2017）によれば，保存が義務づけられる情報全体を確定するために保存記録の手続を実施することが推奨される。保存記録は，データおよび処理の読みやすさおよび復元を確保できるようにするために行われる（Morvan et Dos Santos 2017, par.332-7）

(3) 高度な環境

Morvan et Dos Santos（2017, par.332-10 à par.332-12）では，コンピュータが

企業に普及し，一層高度な外部環境または内部環境に立脚しているとされ，コンピュータ機能の外部化（externalisation），PGI（progiciel de gestion intégré：統合経営管理パッケージ，ERP）およびインターネットに言及している。

① **コンピュータ機能の外部化**（Morvan et Dos Santos 2017, par.332-10）

外部化は，パートナーと作業を共有するという方針に基づく。各企業の固有の組織によっては，会計に関するコンピュータ業務の外部化の範囲は，パートナーに任せる活動に応じて多少とも拡張される。

ただし，会計に関するコンピュータ業務の外部化によったとしても，企業に不可欠な統制機能と，委任企業が引き続き責務を有する年次計算書を作成する責任はなくならない。

たとえば，企業は，その責任において認証全般（決済の署名および現金の管理）を絶対に保持しなければならない。サービス供給者は，当該企業に代わって，規定に内包された業務全般を行うことができる。

② **PGI**（Morvan et Dos Santos 2017, par.332-11）

PGIは，たとえば会計のような特定の機能性に関して全体的に，かつ統合された組織の配置を行うところから考案された情報管理システムである。その特徴は，次のとおりである。

(i) **セキュリティの強化**

PGIを選択することにより，従前は複数のシステムに配置されていた数多くの機能性を単一のアプリケーションにまとめられる。それゆえ，この種の環境下では，アクセス権の管理と付与が非常に重要になる。

(ii) **パラメータのドキュメンテーション**

PGIの主要な特徴の1つは，アプリケーションを拡張するパラメータ設定であり，これによってシステムを企業の機能の仕方および企業の独自性に適合させることができる。しかし，たとえパラメータ設定の可能性が非常に発達したとしても，企業は，一般的にはPGIによる標準パラメータで済ませることはなく，企業のやり方に機能を適応させようとするだろう（プログラムの修正，追加機能の開発）。したがって，こうした適応のドキュメンテーションと追跡可能性は，PGIの配備において必ず守らなければならない義務の1つである。

③ **インターネット環境**（Morvan et Dos Santos 2017, par.332-12）

インターネットは，新しい支払メカニズム，顧客と仕入先との新しい関係，新しい業務手続ならびにヨーロッパ・レベルおよびフランス・レベルの規制環境の進展をもたらし，企業の会計のコンピュータ環境を根本的に変化させた。

企業は，次の業務に関してインターネットの使用を普及させた。

- インターネット上での情報の公表
- 電子メールまたはインターネット・サイトを通じて，手動（フォーラム，オンライン・ディスカッション，メール）または自動（検索エンジン）での，外部との情報のやり取り，企業間およびパートナーとの間のコミュニケーション
- 取引（たとえばオンラインでの仕入および販売（電子商取引），銀行口座の管理，税務申告および行政手続など）
- 仕入先および顧客との間のサービス（仕入，物流，生産）の統合
- 企業内部の情報のやり取り

他方，インターネットの使用の帰結として，企業組織を外部に開放することになり，重要な追加のリスク要因（ハッキング，データの改ざん，機密性の喪失など）をもたらした。

5　おわりに

フランスでは，総合化システムとよばれる帳簿組織が発展してきた。特殊仕訳帳制と総合仕訳帳制を特徴とする帳簿組織である。商法典および PCG における会計帳簿の規定も，特殊仕訳帳の利用を考慮したものになっている。Morvan et Dos Santos（2017）においても，補助簿を利用する企業とそうでない企業に分けて，会計帳簿の内容が説明されており，補助簿を利用する企業では，補助仕訳帳が特殊仕訳帳として位置づけられている（Morvan et Dos Santos 2017, par.305）[9]。

また，フランスにおける会計帳簿は，企業の勘定計画に従って記録される。PCG の勘定の枠組みは，企業の勘定計画の基礎となるものであり，企業の勘定処理のコード化を容易にし，会計標準化を促進する効果を与えるものとして，きわめて重要である。

最後に，フランスでは，会計帳簿について，時系列の記録と記録の不可侵性

が伝統的に重視されてきた。コンピュータ環境における会計帳簿であってもその点は変わらない。コンピュータ環境における会計帳簿では，会計記録の不可侵性を保証するために，認証手続，締切手続，記録媒体の不変性が特に重要とされる。近年では，コンピュータ機能の外部化，PGIおよびインターネットが普及し，こうした技術を基盤とする会計帳簿のあり方に関心が向けられている。

注

1 商法典およびPCGの内容は，可能な限り最新のものとするため，商法典については2010年7月1日改正を反映したもの（Rontchevsky 2010）を参照し，本章において条文番号のみを示す。また，PCGについては2014年6月に公表されたもの（ANC 2014）を参照した。
2 Morvan et Dos Santos（2017, par.303）によれば，2016年1月1日以降に開始する会計期間について，商人は，財産目録帳をつける義務はなくなった。しかし，棚卸しは，引き続き12か月に1回，実施されなければならない。
　　財産目録帳には，財産目録と年次計算書類（貸借対照表，損益計算書，注記）が記載され，財産目録は，棚卸日におけるすべての積極項目および消極項目の要約表であり，それぞれの数量および価値が記載される（ANC 2014, art.912-3）。
　　フランスの財産目録については，五十嵐（2002b），野村（1991）およびMorvan et Dos Santos（2017, pars.333, 333-1, 333-2）を参照。
3 野本・青木（1964, 238）では，総合式簿記組織といわれる。
4 ド・ラ・ポルトの著書『商人と簿記方の学』については岸（1975）を，デザルノー・ド・レジナンの著書『商業会計と複式簿記に関する試論』については青木（1975）および五十嵐（2002a）を，ルフェーブルの著書『会計学　理論，実務及び教育』については五十嵐（2002a）を参照した。
5 Degos et Leclère（2000, 654）においても同様に図示されている。
6 本章の主題とのかかわりから，勘定の番号における数字の配置の意味については詳述しない。詳しくは，中村他訳（1984, 38-39），岸訳（2004, 101-102）を参照。
7 時系列の記録は，異なる複数の日付を1つの仕訳にすることを認めていない。しかし，Morvan et Dos Santos（2017, par.305）によれば，2つの問題が生じるとされる。
　a．日付
　　ある1つの会計事象には複数の日付が関連する（たとえば，仕入または販売の請求書の日付，小切手の発行日，署名日など）。会計上の日付は，実務上，証憑の日付である。しかし，フランス立法府は，会計上の日付と記録の日付との間に隔たりを認めていないとされる。また，Morvan et Dos Santos（2017）によれば，内部統制が配置されることを条件として，たとえば，仕入の請求書が企業に届いた順ではなく，請求書が受諾された順に，それを記録することもできると理解されている。
　b．同一日の記録の順序
　　同一日の取引と取引の間に順序はない。その結果，同一日の記録は，取引が実施された順序，取引の分類ごと（仕入，販売，費用など），勘定番号の順序で行われる可能性があるとされる。
8 会計記録の中から各取引の記録を検索することができなければ，日付ごとの変動を総合

することはできない。ただし，同じ場所で同じ日に実行された同じ性質の取引は，1つの証憑にまとめることができる（R.123-174条；ANC 2014, 922-2条）。
9　ただし，その説明は概略にとどまり，補助簿の様式や記入方法などの具体的な説明はない。

●参考文献

Autorité des Normes Comptables（ANC）（2014）Règlement N° 2014-03 du 5 juin 2014 relatif au plan comptable général, *J.O.* du 15 octobre 2014/ N° 239, texte 40 sur 124.（岸悦三訳（2004）『フランス会計基準―プランコンタブルジェネラルと連結会計基準―』同文舘出版参照）。
Colasse, B.（2003）*comptabilité Grenérale 8e édition,* Paris：Economica.
Conseil National de la Comptabilité（CNC）（1992）*Informatique et comptabilité: Rapport du groupe de travail "Informatique et comptabilite",* Paris：Ministère de l'économie et des finances.
Degos J. G. et D. Leclère（2000）Enregistrement comptable, *Encyclopédie de comptabilité, contrôle de gestion et audit,* Paris：Economica, pp.645-656.
Morvan, M. et M. Dos Santos（2017）*Comptable 2018 37e édition,* Levallois, France：Editions Francis Lefebvre.
Rontchevsky, N.（2010）*Code de commerce 2011 106e édition,* Paris：Dalloz.
青木脩（1975）『新版　フランス会計学』財経詳報社。
安藤英義（1997）『新版　商法会計制度論』白桃書房。
五十嵐邦正（2002a）「フランスにおける特殊仕訳帳の発展」『商学集志』第71巻第3号, 1-26頁。
─────（2002b）『現代財産目録論』森山書店。
岸悦三（1975）『会計生成史―フランス商事王令会計規定研究―』第2版，同文舘出版。
三光寺由実子（2011）『中世フランス会計史―13-14世紀会計帳簿の実証的研究―』同文舘出版。
中村宣一朗・森川八洲男・野村健太郎・高尾裕二・大下勇二訳（1984）『フランス会計原則―プラン・コンタブル・ジェネラル―』同文舘出版。
野村健太郎（1991）『フランス企業会計』第2版，中央経済社。
野本悌之助・青木脩（1964）『簿記学総論』税務経理協会。

（渡邉雅雄）

第8章

オランダ簿記における帳簿組織
―2つの高等教育に寄せて―

1 はじめに

　オランダが世界経済のヘゲモニーをとった黄金の17世紀から現代にかけて，オランダにおいて簿記および会計がどのように変化してきたかを概観しつつ，近世のオランダ簿記実務と簿記書における帳の組織の変化，そして，現代オランダの簿記・会計教育における帳簿組織について，オランダの2つの高等教育機関における簿記教育で使用されているテキストから考察する。

2 オランダにおける簿記および会計の展開過程

　オランダにおける簿記のバックグラウンドを知るために，以下において近世から現代にかけてのオランダの簿記・会計事情について，久野監訳（1997），KPMGオランダ（2013），新日本監査法人（2015）などをもとに概観する。

(1) 1870年代まで

　17世紀の黄金時代以降，しばらくの間オランダは，簿記をはじめとする商業技術のリーダー格であった。しかしながら，19世紀を通じて簿記の関心は商業簿記に集中し工業簿記にはほとんど関心を示さず，たとえば，コーヒーの先物契約，外貨の交換レート，海上輸送中の積荷および当座貸借勘定に対する利息のような商業資本主義時代に特有の問題を紹介するほうを選んだ。

17世紀以降，連合東インド会社（Verenigede Oostindische Compagnie，以下，VOCと略す）に代表される有限責任会社が設立されたが，株主が会社の財政状態について知らされるかどうかなどは，会社ごとに決定されていた。そして，1810年の短期間のフランスによる併合（1813年の主権回復，1838年自国の商法典を創設）により，フランスの「商法典」が導入され，有限責任会社（Naamloze Vennootschap，以下，NVと略す）を導入し，1971年まで唯一の株式発行有限責任会社形態として存在した[1]。

フランス・オランダ両法典の主要原則は，会社の所有者である株主が経営陣の監督について自ら責任を負うということであったが，法律上の精細な会計要請の必要性は存在せず，フランス商法典に倣ってオランダ商法典は，正規の簿記の要請，および年次貸借対照表の作成（公表ではない）し，かつ株主総会に年次「計算書」を提出する義務だけを取り入れた。なお，「計算書」の様式と内容は特定されなかった。

また税法は会計の発展において商法よりも小さな役割しか演じなかった。法人向けの所得税は，1940年まで導入されず，以降，オランダの会計では，財務会計と税務会計は完全に分離している。

(2) 19世紀末から1920年代まで

NVの数は，1851年の137社から1920年代半ばの約20,000社まで増加した。アムステルダム証券取引所の上場株式数は，1880年から1914年までに64から660銘柄，また，外国証券は222から840銘柄に増えた。

このような経済発展が，「会計士」という専門職業集団を誕生させた。1864年に会計教師の資格証明として政府管轄会計試験が制度化されたが，実際には会計実務に関する一般的な資格証明の手段となった。

1895年オランダ監査人協会（Nederlandsch Instituut van Accountants：NIvA）が創設された。経済，会計および監査の発展は，1871年に始まった会計法改正の過程に複雑な影響を与えた。当時の放任主義（laissez faire）の傾向と新法を制定しようとすることには明白な抵抗があった。

それでも1870年代以降，財務諸表の強制的公表が望ましいという考えはあった。しかし，全体的に見ればオランダの事業活動は1838年の緩やかな規制の中で栄えてきたとされ，NVが同族企業の手段として利用されるようになり，

財務諸表の公表の強制は，プライバシーの侵害と見られた。

そして，1928年から1929年にかけて制定された法律では，財務諸表の作成は強制であったが中身については寛大であった。監査人たちも，単に債権者に対する保証のため財政状態を保守的に表示すればよいと考えていたからである。

(3) 第二次世界大戦期

1930年代，独特の新しい要素がオランダ会計に出現した。監査専門的職業人と大学との組織的・理念的連携は，比較的早くから発展し，イギリスの場合よりも早く，ドイツから手がかりを得ていた。すなわち，経営経済学（bedrijfseconomie）がロッテルダム大学（現・ロッテルダム・エラスムス大学）以下で導入された。Limprugの価値理論は，原価会計と財務会計の両方に規範的価値を有し，現在原価会計を生み出し波及していった。

だが，このような理論構築および教育上の努力にもかかわらず，会計実践，少なくとも財務報告に関する限り，現代性の兆候はほとんど見られなかった。

(4) 1970年代まで

オランダは，第二次世界大戦によって多くの生産設備と植民地を失い，会計にも影響を与えた。会計教育の現代化が現代企業活動の前提条件と考えられ，「現代経営管理（moderne bedrijfsadministratie）」という語句が会計情報により広範な領域と関連性を与えようとする略称として用いられるようになった。

1930年代のユニリーバ社の財務諸表は嘲笑の種であったが，1945-1947年の財務諸表では，他に類を見ないほどの完全性を有するほどになった。これは，多くの企業がアメリカへの上場に際して報告基準の対応を迫られたためである。

オランダの戦後の財務報告については，Kraayenhof（後のKPMGのもとになる会計事務所のパートナー）の影響が大きく，彼は，1970年に成立した「企業の年次報告に関する法律」に大きな影響を与えた。同法は，財務諸表は，「企業の財政状態と所得に関して根拠のある意見を形成し得るような洞察力」を与えることを求めている。そして同法で初めて強制監査が導入された。

1970年代前後には独特のオランダ方式の財務報告と報告規制が存在するとの確信があった。それは，①細かな規制は儀式的な報告を招く，②経営経済学を十分に学んだ監査人なら報告実務を十分に担える，③企業は緩やかな法規制

を裏切らないし，監査人の指示を合理的と受け止める。

(5) 1970年代以降2000年まで

　1977年まで，商事法廷に提訴された事件はまったくなかった。雇用者団体，労働組合の連合体およびオランダ登録会計士協会の三者によるスタディ・グループは，より規則志向型アプローチに傾倒し始めている。

　その理由は，①詳細な規制を含んだEC第4号指令，②国際会計基準への対応，③商事法廷がより明確な会計の手引きを求めつつあることである。オランダ会計の特徴であった，現在原価会計は，低いインフレ水準の下で影響力を失い，1992年にフィリップス社は歴史的原価会計へと変更した[2]。

(6) 21世紀以降

　今日のオランダでは，オランダにおいて会社法に相当する法律はオランダ民法に包含され，またこの他に，オランダ会計基準審議会の会計ガイドライン等を含めてオランダで一般に公正妥当と認められた会計基準（Dutch GAAP）で構成されている。

　そして2005年以降，すべての上場企業では，他のEU諸国とともに連結財務諸表はIFRSに基づいて作成することが強制されることになったが，中小企業では，原則としてDutch GAAPでもって財務諸表を作成することとなっており，IFRSは任意適用にとどまっている。

　つまりオランダにおいては，上場・大企業はIFRSに基づく連結財務諸表の作成が強制される一方で，非上場・中小企業では個別財務諸表を独自の基準で作成することを基本とする，ダブルスタンダードが維持されているのである。

　このように近代以降，現在に至るまでのオランダ会計の状況を概観して得られる含意は，世界の状況に柔軟に対応しつつも，一方で，同国の独自性はあくまで維持するという二面性である。それは，ヨーロッパの小さな経済大国として常に時代をリードしてきた同国の知恵の一端とみてよいであろうし，このことは，間接的にではあるが，同国の簿記・会計実務にも反映されていると考えられる。

3 近世から近代オランダの簿記実務と簿記書における帳簿組織

　ここでは，近世から近代にかけてのオランダの簿記書と簿記実務の概観を述べてみたい。

　オランダを含む当時のネーデルラントが，地中海の諸都市に代わって世界経済のヘゲモニーを取るようになったきっかけは，喜望峰回りの新航路の発見が契機となったことは周知のことである。最初に繁栄の中心となったのはブルッヘ（ブルージュ）であったがその期間は短く，ほどなくアントウェルペン（アントワープ）がその地位についた。この地にはヨーロッパ各地の商人が商館を置き，15世紀半ばに常設の取引所が設置されるなど大きな変革が生まれた。

　このような社会経済的背景を受けて期間損益計算思考を含んだ革新的な簿記書を著したのが，Jan Ympynであった。彼は，帳簿組織について詳細には述べていないが，イタリア式の伝統に則って日記帳，仕訳帳，元帳を主要簿とする三帳簿制を採用していたことは明らかであり，補助簿についてはほとんど触れていない。

　次に同様のコンテクストにおいて17世紀前半世界経済のヘゲモニーは，オランダ（アムステルダム）へと移った。スペインからの独立戦争の戦禍によりアントワープが陥落し，そこにいた多くの商人層が移動したため，オランダは黄金時代とも称される繁栄を享受していたのである。そして，この地には，世界最初の株式会社であるVOCが1602年に成立している。

　このVOCの成立を受け，期間損益計算への記録計算上の要請の高まりを受けて執筆されたとされるのが，Simon Stevin『イタリア式王侯簿記』である。その書名にイタリア式と冠されているように，日記帳，仕訳帳，元帳を主要簿として挙げているが，実質的には仕訳帳と元帳を主要簿とし，日記帳には仕訳帳を煩雑にしないための微細な取引の記帳など，補助的な機能しか認めていないのである。

　そして，補助簿としては，現金出納帳と経費帳について言及し，前者は規模の大きな支店において財貨を管理する者が保持する帳簿であり，経費帳は同じく経費を管理するものとされ，これらを設けるねらいは，仕訳帳において取引の記帳を煩雑化しないためであるとされている（橋本2008, 212-213）。

一方実務に目を向ければ，VOC の会計システムについては，長い間，全体を見渡す会計組織は存在せず，本社側の資料は散逸していたといわれてきたが，本社側の会計システムについても断片的な資料をもとに再構成しようとする研究が出てきている。

たとえば，De Korte によれば，1608 年 5 月 1 日に作成された最初期の貸借対照表は，元帳の中にあり，ここには，出資者資本はない。出資者資本は，企業家たちと株主たちによって払い込まれ，'à fonds perdu' と呼ばれたという (De Korte 2000, 11-13)。そして，各々のカーメルは自己の仕訳帳と元帳を持っていた。それは，総督の委員会に提出する 4 年ごとの勘定と並行していた。記帳は，収入支出ベースで行われ，主要簿として仕訳帳と元帳を使用するイタリア式貸借簿記であったという[3]。

一方，在外商館に目を向ければ，旧式のシステムを継承した本国とは異なり，当時の最新式のシステムであった複式簿記を採用した長崎支店（平戸・出島両商館）の帳簿の存在が知られており，その様相は一会社二システムもいうべきものであったことがわかっている[4]。

この長崎支店の帳簿組織は，仕訳帳（Negotie Journaal）と元帳（Negotie Grootboek）を主要簿とする二帳簿制であり，この他に補助簿（および証憑書類）として，積荷品の送り状，商館諸経費を記録した商館給与簿，江戸参府経費明細書などが使用され，これらを仕訳帳に合計転記する形をとっていた。また，これらの諸経費をそれぞれの帳簿から各月末に集計し，仕訳帳に合計転記しているのである（行武 1992, 80-82；行武 2007, 27-28）。

そして，各月末に仕訳帳に記帳された補助簿記載の諸経費は，12 月 31 日にバタヴィア本店勘定に振り替えられるのである。つまり，分割日記帳制が VOC 成立後のかなり早い時期から，少なくとも在外支店である長崎においては採用されていたとも見ることができる。

そこで，このような VOC の会計実務を反映したとされるこれ以降の簿記書に再び目を向けてみたい。まず，先に述べた Stevin とともに 17 世紀オランダを代表する簿記書として，Willem van Gezel『商人の帳簿の理論的教育についての概説』(*Kort begryp Van 'tbeschouwig onderwijs in 'tkoopmans boekhouden*, Amsterdam, 1681) から見る。

同書の簿記史上における最大の貢献は，勘定を自己勘定系統（eigen

rekeningen) と反対勘定系統 (tegengestelde rekeningen) に大別し，はじめて物的二勘定学説（資本主理論）的な簿記理論を提示した上で，勘定の体系化に成功したことと，その勘定を収容する帳簿の体形化も併せて行った点にある。

同書が示す帳簿組織は，日記帳，仕訳帳，元帳を主要簿 (voornameboek) とし，これとは別に非主要簿 (minvoornameboek) を設け，後者はさらに従属帳簿 (ondergeschikteboek) と副帳簿 (bijboek) に分かれる。従属帳簿は経費帳などでいわゆる補助簿であって，後者は種々の控え帳などがこれにあたる。より具体的には，同書の第2部第7章「非主要簿の管理」において，経費帳，月次帳，メモ帳，倉庫帳，控え帳などの使用法が解説されている。

上記のように17世紀，とくにVOCに代表される大規模な会社が現れるに至って，簿記書における帳簿組織は機能的分化を見せ始めている。つまり，企業規模の拡大に伴って日記帳，仕訳帳，元帳からなる三帳簿制は，もはや十分ではなかったのであり，総勘定元帳の詳細な記録や仕訳日記帳の一部としての特殊仕訳帳など，さまざまな補助簿が使用されるようになったのである（Ten Have 1973, 70；三代川訳 2001, 99）。

このような傾向は，その後も継続されたようで，18世紀に出版されたOudshoff『イタリア式あるいは商人簿記に対する完全なる理論的および実践的手引き』(Volledig theoretisch en praktisch handbook voor het Italiaansch of Koopmans boekhouden, Rotterdam, 1833)[5] では，書名が示すとおりイタリア式の伝統に則って同書でも日記帳，仕訳帳，元帳を主要簿としながら，仕入帳，売上帳，倉庫帳の他，在外商館との商品のやり取りを記す計算簿，同じく委託簿，注文帳，仕切所控帳，委託品記入帳，委託販売において発送，販売された商品を記入する売上計算帳，仕入販売簿，経費計算書，手形帳など合計20もの補助簿が取り上げられている。

この他，Fleischauer (1851)『複式もしくはイタリア式商人簿記の完全なる手引き』(Volledig handleiding tot het dubbel of Italiaansch koopmans boekhouden, Gouda, 1851) においても，主要簿として，イタリア式の名が示すように日記帳を筆頭として，仕入帳，現金出納係の帳簿，現金出納帳，売上帳，送り状記入帳，当座勘定出納帳などの補助簿，そして，主要簿としての仕訳帳，元帳の説明や例示がなされていることがわかるのである。

つまり，これらの近代から近世にかけての簿記書や実務の中身からは，イタ

リア式簿記として三帳簿制の特徴を有しながら，実質的には二帳簿制へと移行し，次第に補助簿の活用が重視されるようになってきたという傾向を見ることができるのである。

このようにオランダにあっては，簿記書においてもVOCの簿記実務においても17世紀の早い時期から補助簿の使用，とくに日記帳の分割が見られ，その時期はオランダの後に経済的ヘゲモニーを握るイギリスよりも100年以上早いことがわかるのである。このことは，同じネーデルラントのアントワープの簿記書ではこのような機能的分化が行われていないことからも，オランダがVOCという当時の世界初にして最大の株式会社を創出したことと密接に関係しているとみてよいであろう[6]。

ただし，この傾向が20世紀に入ってどのくらいまで継続されたかは詳らかではない。近世以来のイタリア式簿記と現代の簿記書の接点を十分に解明できていないのが現状である。

4　現代オランダにおける高等教育と簿記・会計

ここでは現代オランダの高等教育における簿記・会計教育とそこで使用されている教科書から，帳簿組織の位置づけと内容を検討する。

(1)　高等教育機関の構図

オランダにおける高等教育は，Wetenschappelijk Onderwijs（以下，WOと略す）と称される研究大学とHoger Beroepsonderwijs（以下，HBOと略す）高等職業教育機関に大別される。

WOは基本的に学究的な授業，研究を通じて学生を育てることに主眼を置いているが，教育課程の多くは専門職教育的な要素も備えており，現在は14校がある。一方，HBOは，学生を特定のキャリアに結びつけるような実務的な内容が中心となり，その教育課程は，知識の実用化に重点を置いたものであり，現在42校がある（大学評価・学位授与機構2011, 4）。

このようにオランダでは二元的な高等教育を行っており，それゆえ簿記・会計の教育も二元的に考察しなければならないのである。

(2) WOにおいて使用されている簿記教科書からの検討

　オランダの大学における簿記・会計教育は，簿記が会計から独立して行われることは少なく，会計もまた，近接の諸領域との関係から論じられることが多いように思われる。また，2つ以上の大学で1つの科目を分け合って開講される事例も見られる。これらのことは，前述のとおり，高等教育において簿記や会計など職業に関連すると見られる教育は，HBOが主として担っていることと無関係ではない。

　そこでここではまず，オランダにおける経済学や経営学をリードしてきた，ロッテルダム・エラスムス大学での簿記・会計教育から検討する。その中で最も基礎的な授業の1つは，「簿記と原価会計」（Boekhouden en Cost Accounting）と題されるものであり，この導入部分で簿記の解説が行われている。そしてそこで使用されるテキストは，Bouwer et al.（2013）『簿記の基礎』であり，その構成は図表8-1のようになっている。

　ここで明らかなように，帳簿組織に関する説明はまったくない。特徴としては，日常の取引の記帳に重点が置かれ，決算については簡単な説明だけで，英米式で決算を説明しており，この点，後述の高等専門学校のテキストとは異なる。また，損益計算よりも財産管理的側面が強く，「管理」のための簿記が述べられていることが理解できる。

図表 8-1 Bouwer et al. (2013) の構成

1　会計の一巡	5　さまざまな形態の会社の経営管理
1.1　会計公準	5.1　個人企業
1.2　会計等式	5.2　組合企業
1.3　貸借対照表	5.3　有限責任会社
1.4　貸借対照表における財務的取引と変化	5.4　剰余金
1.5　仕訳帳における財務取引の記録	6　負債の管理
1.6　永久および一時的勘定を含む総勘定元帳	6.1　個人借入れに対する会計
1.7　精算表	6.2　債券の会計
2　主要論点	6.3　転換社債
2.1　修正記入（決算整理前手続）	7　引当金・準備金
2.2　元帳諸勘定の締切りと再開	7.1　貸倒引当金
2.3　販売収益	7.2　修繕引当金
2.4　付加価値税	7.3　債務保証引当金
2.5　資本主	8　キャッシュ・フロー計算書
3　発生主義会計の導入	8.1　キャッシュ・フロー計算書の5要素
3.1　純粋元帳勘定	8.2　営業キャッシュ・フロー
3.2　混合元帳勘定	8.3　運転資本における投資
4　固定資産および流動資産の管理	8.4　固定資産における投資
4.1　固定資産	8.5　財務キャッシュ・フローの流出
4.2　棚卸資産	8.6　財務キャッシュ・フローの流入
4.3　会計原則と棚卸資産についての注記	8.7　5つの要素の合計
4.4　異なるタイミングでの商品と送り状の受領と配送	

出所：Bouwer et.al（2013）「目次」より。

(3) HBOにおいて使用されている簿記教科書からの検討

　HBOで多く使用されている教科書の構成は図表8-2のとおりである。

　この中で，帳簿組織について個別に論じた個所は，12章の「補助的管理」のみとなる。ここでは，補助元帳の重要性，債権管理，債務管理，その他の補助元帳，取引の手動処理による記帳の手順（図表8-3），そして，コンピュータ化された環境での補助元帳について論じられている。

　ここでいう総勘定元帳は，帳簿組織において欠かさず記帳されうる各種の明細を，合計金額によって管理するものであり，補助元帳とは，総勘定元帳に記

図表8-2 Fuchs et.al (2009) の構成

導入	17章 自動化された環境における費用と収益の記録保持
概要と一般的な概念	
第1部	18章 人件費総利益，支払利息および受取利息に関する記帳
1章 取引の記帳	
2章 財産目録，貸借対照表と損益計算書	19章 固定資産の取得原価に関する記帳
3章 元帳	20章 サービスのコストに関連する記帳
4章 試算表(1)	21章 企業内の成果に関する情報
5章 総勘定元帳内の勘定の分類	22章 混合費用勘定と混合収益勘定
6章 仕訳	23章 回収不能債権と不良在庫に関する記帳
7章 税	第3部 NVやBVなどの会社の会計
8章 仕入戻しおよび売上戻りと割引	24章 組合の会計
9章 個人の取引の元帳への記帳（引出し他）	25章 NVとBVの会計—株式資本
10章 試算表(2)	26章 NVとBVの会計—利益の分配
11章 財務的取引の整理	27章 NVとBVの会計—準備金
12章 補助的管理	28章 NVとBVの会計—債務
13章 コンピュータを使用した取引の記帳	第4部 製造業やサービス業の会計
第2部 売上総利益，費用および利益の記帳に関する詳細	29章 工場会計
	30章 事後の原価計算に基づく工場会計
14章 在庫と売上総利益の関係	31章 事前事後の原価計算に基づく工場会計
15章 売上高に対する在庫の管理	32章 サービス会社の工場会計
16章 異なる時間での商品と請求書の受領と送付	33章 商品券等

出所：Fuchs et.al (2009)「目次」より。

録されるそれらの明細を管理するものであるとされ，一般的な定義と変わりはなく，管理の対象としては，債権・債務と在庫の管理を挙げている。なお，補助記入帳と補助元帳を区分していない。

　そこで，同書の特徴をまとめれば，記述内容は簿記の初級から中級程度までと幅が広く，インカムアプローチをとっているように思われるが，実際は（財産）管理的な側面が大きく，決算に関する記述は少ないことが指摘できる。また，実務への対応を重視し，コンピュータによる処理，税務，銀行取引など実務に即した記述が多い点も特徴として挙げられる[7]。

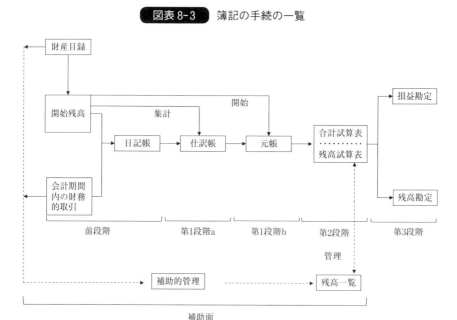

図表 8-3 簿記の手続の一覧

出所：Fuchs et.al（2009），247.

5 おわりに

　17世紀に世界初の株式会VOC社を生み出したオランダにあっては，VOC設立後の早い時期から，在外商館を中心に，従来のイタリア式貸借簿記に改良が加えられ分割日記帳制への萌芽がイギリスよりも1世紀も早く見られた。そしてその伝統は，近代の簿記書へと受け継がれていったことが明らかになった。しかし，このようなオランダ簿記の特徴が現代の簿記書（そして教育），簿記実務に受け継がれているかどうかの解明はできなかった。

　そこで，このようなオランダ会計制度の歴史的展開過程を踏まえつつも，ほぼ独立的に，現代の高等教育機関で使用されているテキストを素材として，現代のオランダにおける帳簿組織を検討した。

　まずWOと称されるオランダの研究大学では，簿記を会計と区分して教育するという思考はなく，簿記は会計のイントロダクションとして位置づけられ

ており，帳簿組織について論じる余地はほとんどなかった。また，簿記の目的は，損益計算よりも管理（管理会計あるいは原価管理）と結びつけて教授されていたのである。すなわち，そこでの簿記の目的はもっぱら財産管理計算に重点を置いたものであった。

　その一方で，HBOと称される高等職業教育機関では，大部の簿記専門教科書が使用され，ここでは簿記一巡から，コンピュータを用いた取引の記帳，あるいは，NVやBVなどオランダで認められている企業形態ごとの会計上の個別問題についても言及しているのである。そして，この中で帳簿組織について触れている個所はわずかに1章のみではあるが，ここでは債権・債務や在庫の管理に供される補助簿の重要性が説かれていた。

　このように両者に共通するキーワードは「管理」である。簿記の知識をどこに役立てるかについて，一方は原価管理であり，もう一方は債権・債務の管理と異なるようではあるが，その根底にはともに，企業内における「管理」に役立てるための簿記，そして，そのツールとしての（ないしは志向としての）帳簿組織が存在したのである。

　一般論としては，煩雑な取引をいかに正確に，かつ効率的に記帳するために，そして，分課制度の進展とともに，それに対応する補助簿の重要性は増してきたという歴史的事実はあるものの，現代の補助簿に対する知識は，会計記録の電子化が進むにつれて，さらに「管理」のツールとして重要性を増してきているといえる。

　少なくとも現代オランダの簿記テキストにおいてはその傾向を見出すことが可能なように思われるが，この検証にはさらなるテキストの分析と，実務における実態の調査が必要とされるであろう。そして，この仮説にこたえることが今後の課題である。

　また，この「管理」機能が現代オランダ簿記の特徴ということはできないであろう。グローバル化の進展は，グローバル経済の需要だけではなく教育システムの統一にも及び，それは簿記および会計の教育にも当然ながら影響を与えているのである。もはや各国固有の簿記書，ひいては帳簿組織の特徴を見出すことは難しいと思われる。

●注

1 現在では,オランダでの事業拠点を設立する場合,非公開株式会社である BV (Besloten Vennootschap met beperkte aansprakelijkheid) および公開株式会社 NV (Naamloze Vennootschap) といった有限責任株式会社,あるいは支店や駐在員事務所という形態を採ることができる。BV はオランダにおいて最も一般的な営利企業形態であり,また外国投資家に最も頻繁に採用されている形態でもある。NV は,証券取引所に上場されるか否かにかかわらず資本の公募を望む場合に採用されるものである。これについては,JETRO (2015) を参照。
2 これに関しては,久木田 (2007) を参照。
3 さらに最近の研究では,資料的制約があり完全とは言えないものの,VOC 本社における資本勘定に対する研究が進みつつあるという。すなわち,Robertson and Funnell (2014) によれば,VOC は詳細な資本の記録を維持していたが,これらは総合的な簿記の部分を構成せず,また,アムステルダムやゼーラントといった二大カーメル以外の小カーメルの記録が残っていないため,結果としてこれらのカーメルが VOC の資本に対する彼らの持分をどう記帳し,また,それらの簿記が当時どのように異なっていたかを完全に知ることは不可能であるとした上で,VOC が保持した最も包括的な資本の簿記は次のようなものであったされる (Robertson and Funnell 2014, 105-107, 109)。

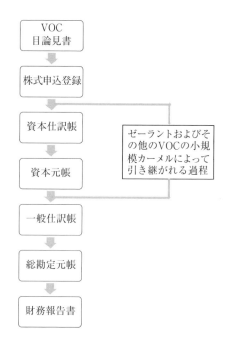

出所:Robertson and Funnell (2014), 110.

4　これについては，中野・橋本（2004）を参照。
5　同書は，江戸時代幕藩期のわが国にもたらされたオランダ語による簿記書は 5 冊あり，そのうち最も古いとされており，資本勘定に関する説明では物的二勘定学説的説明が見出せる。これに関しては，橋本（2017）を参照。
6　イギリスで初めて分割日記帳制の必要性を説いたのは，同国が産業革命を経験した後の Booth(1789)であったという。Booth は「今日の簿記教科書で説かれている特殊仕訳帳制（複合仕訳帳制ないし分割仕訳帳制）に近似した手法 —より正確にいえば分割日記帳制— を教示することによって，その当時の大規模商業経営において日々に増大する記帳計算業務の分類・分業等の実際的要求に対応できるような実践的な帳簿組織の展開を図った」（中野 1992，102）とされる。
7　なお，HBO で使用されているテキストと同じシリーズの第 3 巻の使用が WO であるティルブルク大学で見られる。ここでは，連結会計や非営利組織のそれに対する章もあり，応用分野を取り扱っている。また，この巻だけ同大学の教員が著者に含まれている。

● 参考文献

Bouwer, H. J., Emmerson, M. and M. B. J. Schauten（2013）*Basics of bookkeeping*, Groningen.
Bywter, M.F. and B.S. Yamy（1982）*Historic Accounting Literature : a companion guide*, London.
Fleischauer, J. F.（1851）*Volledig handleiding tot het dubbel of Italiaansch koopmans boekhouden*, Gouda.
Fuchs, H. and S. J. M. van Vlimmeren（2009）*Boekhouden gebokestaafd* 1, Groningen.
Gezel, W. van（1681）*Kort Begryp van 'tBeschhouwig Onderwijs in 'tkoopmans Boekhouden*, Amsterdam.
Have, O. ten（1976）*The History of Accounting*, California（英語訳よりの邦訳，三代川正秀 訳［2001］『新訳 会計史』税務経理協会）.
Korte, de J. P.（2000）*The Annual Accounting in the VOC*, Amsterdam（translated by L.F. van Lookeren Campagne-de Korte）.
Oudshoff, W.（1833）*Volledig theoretisch en praktisch handbook voor het Italiaansch of Koopmans boekhouden*, Rotterdam.
Robertson, J. and W. Funnel（2014）*Accounting by the First Public Company, The Pursuit of Supremacy*, London.
Stevin, S.（1607）*Vorstelicke bouckhouding op de Italiaensch wyse*, Leyden.
新日本有限監査法人（2015）「各国の IFRS 適用状況 オランダ（Netherlands）」
<http://www.shinnihon.or.jp/services/ifrs/core-tool/ifrs-status-of-implementation/netherlands.html>［Accessed 31 July 2016］.
大学評価・学位授与機構（2011）「諸外国の高等教育分野における質保証システムの概要：オランダ」
<http://www.niad.ac.jp/n_kokusai/info/holland/overview_nl_j_ns.pdf>［Accessed 11 August 2016］
※同機構は，平成 28 年 4 月に，国立大学財務・経営センターを統合し，大学改革支援・学位授与機構となっている。
日本商工会議所（2015）「商工会議所簿記検定試験出題区分表の改定等について」
<https://www.kentei.ne.jp/wp/wp-content/uploads/2015/07/h28kaitei_shushi.pdf>［Accessed 31 July 2016］.
JETRO（2015）「外国企業の会社設立手続き・必要書類（オランダ）」

<https://www.jetro.go.jp/world/europe/nl/invest_09.html>〔Accessed 31 July 2016〕.
KPMG オランダ（2013）「オランダの会計・税務基礎講座」
<https://www.kpmg.com/Jp/ja/knowledge/article/Documents/nl-tax-20130601.pdf>
〔Accessed 31 July 2016〕.
久木田重和（2007）「オランダ・ハイネケン社の取替価値会計」『東京経大学会誌』第256号, 3-53頁.
久野光朗監訳（1997）『欧州比較国際会計史論』同文舘出版（原著：P. Walton ed. (1995) *European Financial Reporting : A History*, London）.
新日本有限責任監査法人（編）（2016）『オランダの会計・税務・法務』税務経理協会.
田中藤一郎（1961）『複式簿記発展史論』評論社.
中野常男（1992）『会計理論生成史』中央経済社.
中野常男・橋本武久（2004）「『連合東インド会社』における企業統治と会計システム」『生駒経済論叢』（近畿大学）第2巻第1号, 13-31頁.
橋本武久(2008)『ネーデルラント簿記史論―Simon Stevin 簿記論研究―』同文舘出版.
―――（2017）「19世紀オランダ簿記書における資本勘定」『會計』第192巻第5号, 43-52頁.
行武和博（1992）「出島オランダ商館の会計帳簿：その帳簿分析と日蘭貿易の実態把握」『社会経済史学』第57巻第6号, 59-97頁.
―――（2007）「近世日蘭貿易の数量的取引実態―17世紀前期オランダ商館作成「会計帳簿」の解読・分析」『社会経済史学』第72巻第6号, 25-45頁.

（橋本武久）

第Ⅲ部

帳簿組織の将来

第 9 章 帳簿組織と簿記（帳簿）の目的
　　　　―日記帳（取引記入）簿記；財務諸表作成簿記；
　　　　　個別管理簿記―
第 10 章 資産負債アプローチと簿記
　　　　―収益認識基準（発送基準から検収基準へ）の変更
　　　　　に寄せて―
第 11 章 管理簿記の展開
　　　　―手形取引の把握に寄せて―
第 12 章 ITの進展と帳簿組織の現代的意義
第 13 章 クラウド会計システムの現状と課題

帳簿組織と簿記（帳簿）の目的
―日記帳（取引記入）簿記；財務諸表作成簿記；
　個別管理簿記―

1　はじめに

次の仕訳問題に対し，どのように答えるであろうか。

「銀行で 500,000 円の返済期限1年のローンを組み，その資金が当座預金口座に振り込まれると同時に直ちに，その資金を利用し，530,000 円の事務用机を購入した。なお，この銀行とは当座借越契約があり，ローンが振り込まれる前の残高は 20,000 円であった。」

これには，さまざまな答えがあろうが，基本的に，次の3種が考えられよう。

```
第1：(借) 備　　　品　　530,000　(貸) 短期借入金　500,000
                                     当 座 預 金　 20,000
                                     当 座 借 越　 10,000
第2：(借) 備　　　品　　530,000　(貸) 借　入　金　500,000
                                     当 座 預 金　 20,000
                                     当 座 借 越　 10,000
第3：(借) 当　　　座　　500,000　(貸) 借　入　金　500,000
    (借) 備　　　品　　530,000　(貸) 当　　　座　530,000
```

初級簿記での一般的な答えは，第2の仕訳かもしれない。これは，事務用机の総括概念である備品勘定はもちろん借入金勘定も，形態そのものを示し[1]，素人にわかりやすい。おそらく多くの簿記検定では，これを正解としているで

あろう。同じ形の第1の仕訳は，1年基準を採用しているので，財務諸表作成を意識した仕訳である[2]。このような財務諸表作成を意識した仕訳を求める簿記を，以下では「財表簿記」と称する。ここでは，短期借入金勘定はもとより，備品勘定も第2の仕訳と異なり，企業活動の中での機能を考えており，貸借対照表で固定資産の部に計上されることが前提である。これらは，財務諸表を誘導する点で，総勘定元帳の次元のものであるともいうことができる。

これらに対し，第3の仕訳は，どうであろうか。これはわざわざ当座勘定500,000円を介在させた上に，負債たる当座借越を表示しないとの理由から不正解とされるおそれすらある。しかし，企業の活動ならびに組織を考えた場合，この仕訳こそ意味がある。まず，当座勘定を使用する点であるが，企業組織を考えたとき，資金の流れは，資金管理部門あるいは経理部門の専管事項である。ここでは「当座勘定出納帳」が作成され，取引銀行とのその時々の取引を記帳し，預金の動き（増減）はもちろん有高つまり借越もこの中で管理する。第1，第2の500,000円の記録を行わない仕訳は，この部門の日々の活動を無視している。このような該当部門の日々の取引を把握する簿記を「日記帳簿記」と称する。

一方，第2の形態を意識した仕訳において，借入金勘定では，負債管理のための帳簿：借入金台帳が予定されていると考えるべきであろう。ここでは，借入先や支払期限などが記載される。短期か長期かの区別は，財表作成に際して，この記録から誘導される決算における一時的情報となる。また，備品勘定も備品台帳の対象となり，その形状や購入先等が把握されることはもちろん，決算に際しては企業活動における機能を判断する材料にもなる[3]。このように，個々の財ないし負債の管理を意識した簿記を「管理簿記」と名づけたい。

以上のように考えると，仕訳の奥には，3種の意図があり，われわれが仕訳の意味および簿記を論ずる場合，これを意識すべきである。

さて，一般に，簿記書では，取引は，仕訳帳に記入され，それが元帳に転記され，さらに元帳資料により，損益計算書，簿記では損益勘定が作られ，貸借対照表，大陸法の閉鎖残高勘定，英米法では繰越試算表が誘導されると説かれる。この現象を，入口（取引発生時）から見るか出口（財表作成時）からあるいは途中（期中の管理）の次元で見るかにより，簿記の機能，目的は，上の3種に思考できると思われる。すなわち，1つは，入口，仕訳帳の段階つまり簿記

の日記の役割つまり「日記帳簿記」である。2つに，出口，元帳の締切り作業つまり会計情報の作成に関わる「財表簿記」，そして，3つに，記録の果たす管理の側面，いわば「管理簿記」である。そして，これらそれぞれの役割分野により，勘定の意味も異なる。そこで次に，身近な例により，これらを証明してみよう。

2　当座勘定と当座預金勘定
　　―日記帳簿記について―

　先に示した簿記の問題文では，一文「その銀行とは当座借越契約がある。」を加えた。なぜなら，簿記に自信を持っている学徒がしばしば当座預金勘定の省略形として当座勘定を使用するからである。高校のある教科書を見ると，当座預金勘定と当座勘定とは同列の扱いを受けている[4]。果たしてそうであろうか。

　そこで，企業組織を見てみると，既述のように，資金管理部門あるいは経理部門が当座勘定出納帳により自らの日々の取引活動を把握することが必要である。この場合，それは，取引銀行との取引である。これを，帳簿組織ここでは特殊仕訳帳制を意識し，図示すると図表9-1のようになる。

図表9-1　当座勘定（日記帳）と総勘定元帳

```
<日記帳：当座>                    <元帳：管理ならびに財表作成>
A銀行X支店当座勘定出納帳    →    当座預金勘定
B銀行Y支店当座勘定出納帳    →    当座借越勘定（短期借入金）
C銀行Z支店当座勘定出納帳    ↗
```

　つまり，第1節の第3の仕訳は，日記帳の段階の仕訳であり，当座勘定は，銀行ごとの'人名勘定'である。そして，企業全体の立場で資金の管理をするには，元帳の段階に至らなければならない。ここで初めて，企業全体にとっての資産負債の管理ができる。なお，当座借越契約を結んでいない場合には，当座預金勘定（と借入金勘定）を使うことになるが，「当座預金出納帳」での当座預金勘定も人名勘定である。すなわち，同じ当座預金という表現でも，段階により，意味が異なる。

　これは，備品勘定でも借入金勘定でも同じである。日記帳段階では，各勘定

は，'誰'から購入した備品か，'誰'から借りた借金かという意味を含有している。したがって，備品勘定の補助簿である備品台帳，この場合，正確には日記帳の説明帳簿では，購入先が記載されねばならないし，借入金台帳でも，借入先の記録が行われなければならない。さらにこの段階の簿記の意義の視点で，当座勘定を考えると，銀行ごとに預金も借越も管理しなければならない。

一方，財表作成段階では，各勘定は企業活動でのそれぞれの機能を示すことになり，ここでの勘定の意味は，企業活動にとっての機能・役割を示す勘定である。会計上，備品は固定資産とされるが，借入金は，企業活動への意味・関わりにより，短期，長期に分類されねばならないし，当座預金も当座借越（短期借入金）も企業全体にとってのものとなる。

さて，「財表簿記」といえば，近年，新しい会計事象が取り沙汰され，これに対応する簿記処理が問題となっている。そこで，この中の1つを取り上げて見てみよう。

日本商工会議所（以下，日商と略す）から，クレジット売掛金の処理として次の仕訳が提唱された[5]。

（借）クレジット売掛金　　96,000　（貸）売　　　　上　　100,000
　　　支 払 手 数 料　　　 4,000

取引の8要素の結合関係を説く[6]従来の簿記理論ならびに会計理論に基づく財表簿記からすると，この仕訳は切れないはずである。というのは，費用（支払手数料）と収益（売上）が対峙させられているからである。つまり，簿記学習の始めにある「取引要素の結合表」と矛盾する。これは，簿記の初心者を混乱させるどころか，簿記理論を真面目に学習しようとする学徒を戸惑わせる。

いま，取引の8要素の結合関係を維持すれば，次の仕訳になろう。

（借）クレジット売掛金　　100,000　（貸）売　　　　上　　100,000
（借）当　　　　座　　　　96,000　（貸）クレジット売掛金　100,000
　　　支 払 手 数 料　　　 4,000

この仕訳では，支払手数料は金融上の費用と解釈するほうが妥当となろう。実際，クレジット売掛金が資金化されるのは発生時ではなく決済時である。そこで，日商が先の仕訳を切らせる理由を推理すると，支払手数料を売上に対応する販売促進費と考えたいからであろうが，これは，事実通りの仕訳にも反する。

それでもなお，日商の仕訳に固執するなら，これまで述べた簿記の3つの役

割に注目し，これは日記帳の次元の簿記の仕訳であると意味づけざるをえないであろう。つまり，取引相手が明示はされていないが，支払手数料勘定を（費用勘定ではなく）人名勘定（クレジット会社）であると解釈する。そして，その後，財表簿記の段階（総勘定元帳に記入された情報になった段階）に至って初めて，この取引が販売促進費か金融上の費用かを判断させるのである。日記帳の段階の売上勘定も（収益勘定ではなく）人名勘定（支払手数料とは異なる人との取引）となる。

ところで，財表簿記といえば，会計アプローチが資産負債アプローチに変わったいま，日商のような財表簿記の仕訳を切れるであろうか。これについてさらに思索してみよう。資産負債アプローチでは，資産負債の計上が主たる問題となる[7]。この立場に立つと，前の取引は，当初認識において，

（借）　クレジット売掛金　　　96,000　（貸）　前受売上金 −負債−　　100,000
　　　　前払手数料−資産−　　　 4,000

となるはずである。前受売上金が，即座の義務履行により収益（複式記録による負債減少の原因）となり，売上勘定に帰着することは理解できても[8]，手数料を資産とすること，つまり，前払手数料の計上を合理化するのは無理があるのではなかろうか。すなわち，「資産とは，過去の事象の結果として企業が支配し，かつ，将来の経済的便益が当該企業に流入すると期待される資源」（たとえば，IASB, *Framework for the Preparation and Presentation of Financial Statements*, 2001, 49項（a））という資産の定義に適合するとは考えられないからである。支払手数料（前払手数料勘定）は，クレジット会社との取引であることは事実である（日記帳簿記）が，販売時に獲得した，何らかの権利（便益）とは考えにくい（財表簿記）。当初認識つまり日記帳簿記の世界の仕訳と，財表簿記の世界の仕訳とはここでも異なる。

いま，資産負債アプローチつまり財表簿記の次元で，この取引を認識するなら，次のように資産（便益）と負債の発生のみしか認識しないことになろう。しかし，これでは取引をありのままに示す日記ではない。

（借）　クレジット売掛金　　　96,000　（貸）　前 受 売 上 金　　96,000

このように，日記帳簿記と財表簿記は次元の異なるものである。そこで，これについてさらに例示してみよう。

3 日記帳簿記と財表簿記の齟齬
―リース取引の把握―

　資産負債アプローチに変わったいま，財務諸表作成のために，さまざまな複雑な仕訳が求められるようになった。その典型がリース会計である。いま，次の条件のもとで，財表作成のために求められている仕訳を示してみよう。これは，所有権移転ファイナンス・リースとする。

　×1年4月1日に，次の条件で，リース資産（車両）の引き渡しを受けた。借手の見積現金購入価額 2,400,000 円；現在価値 2,380,000 円；解約不能なリース期間5年；リース物件の経済的耐用年数も同じ；年々のリース料 505,000 円；支払いは年度末に当座預金から行う；リース資産の償却法　定額法，残存価額 0円；借手の追加利子率2％

　これを財務諸表作成のみを意識して，仕訳すると，次のようになるであろう。

4.1.	（借）リース資産	2,380,000	（貸）長期リース負債	1,922,600	
			未払リース料	457,400	
3.31.	（借）未払リース料	457,400	（貸）当座預金	505,000	
	支払利息	47,600			
	（借）長期リース負債	466,548	（貸）未払リース料	466,548	
	（借）減価償却費	476,000	（貸）リース資産減価償却累計額	476,000	

　これを企業組織と管理の側面からみてみよう。まず，4月1日の仕訳は，有形固定資産の管理部門およびリースを含めて資金調達企画管理部門の対象になろう[9]。

　前節の論述から，問題となるのは，3月31日最初の仕訳である。既述のように，企業は，当座勘定出納帳により銀行との取引を管理する。この仕訳は，これを反映していない。よって，リース料の支払いの事実を示す次の仕訳が必要となる。

　　3.31.（借）支払リース料　　505,000　（貸）当　　　座　　505,000

　この上で，次の仕訳を切らなければならない。これは，当座勘定出納帳レベルつまり日々の取引を示すレベルの仕訳ではなく，財表作成ないし資金管理部

門のレベルのものである。

3.31. （借）未払リース料　457,400　（貸）支払リース料　505,000
　　　　支　払　利　息　 47,600

いま，組織として，当座勘定出納帳を付けている部門が，上の財表作成の仕訳を切れるであろうか。答は否であろう。この部門がリース取引の会計上の判断を任せられているとは考えられない。この部門の役割は，専ら各銀行との取引の把握であり，前節で図示したように，総勘定元帳としての当座預金勘定および当座借越勘定への情報の提供（直前）までであるから。

3月31日の残りの仕訳は，財表作成のための部門の仕訳である。

4　財表簿記と管理簿記
―統制勘定による照合の限界―

第1節で述べた簿記の役割の違いを示す資料例といえば，人名勘定であり，かつ個別の管理に関わる得意先元帳と仕入先元帳を挙げることができる。

近年の簿記の教科書では，得意先元帳は売掛金元帳，仕入先元帳は買掛金元帳と呼ばれ[10]，財表のもとになる総勘定元帳，売掛金勘定，買掛金勘定つまり統制勘定の明細記録をし，簿記の照合機能の利点を示すものとして挙げられ，とくにこの関係は「統制勘定による照合」として説明されてきた。果たしてそうだろうか。

そこで，これを破壊する次の2組の仕訳を掲げる。

第1組：　（借）現　　　金　10,000　（貸）前　受　金　 10,000
　　　　　（借）前　受　金　10,000　（貸）売　　　上　100,000
　　　　　（借）売　掛　金　90,000
第2組：　（借）前　払　金　 5,000　（貸）当座預金　　 5,000
　　　　　（借）仕　　　入　50,000　（貸）前　払　金　 5,000
　　　　　　　　　　　　　　　　　　（貸）買　掛　金　 45,000

第1組1行めの仕訳は，販売に際して，手付を受け取った時の仕訳であるが，この場合，日記の段階での前受金は人名勘定である。したがって，「管理簿記」の世界においては，各人名管理勘定たる得意先元帳において該当得意先への債

権を減少させておかねばならない。たとえば「月末締め翌月払い」の取引で，第1組の取引が点線で分けたように月をまたがった場合，請求額は，得意先元帳により，前受金を控除した金額でなければならない[11]。つまり，総勘定元帳の売掛金勘定は，得意先元帳の統制勘定たりえない。前受金勘定と売掛金勘定とが結合されて初めて，得意先元帳の統制勘定となり，照合可能となる。このように，個別管理の世界と財表つまり企業活動の機能を考えた世界とは，勘定の意味が異なる。

　第2組も同じで，仕入企業は前払額を控除した金額を仕入先への債務とみ，この額を控除した金額にしか支払いに応じないはずである。つまり，得意先，仕入先を管理する補助元帳は管理簿記として各人の債権債務を管理している。ここでは，「財表簿記」で問題となる前受けや前払いという事象には関係しない。このように見ると，簿記論の論理からいうと，'売掛金元帳'，'買掛金元帳'という表現には問題がある。

5　おわりに

　企業における簿記の役割を考えるとき，企業活動とりわけ企業組織のどの局面で行われている簿記なのかを念頭に置かなければならない。企業取引の最初の局面では，取引の相手を対象とする記録が行われる。つまり「日記帳（取引記入）簿記」である。一方，全社的な管理の局面では，昨今，とくに投資家のための情報提供を指向した会計基準に従った「財務諸表作成簿記」が行われる。さらに，企業の各管理部門で行われる，個別的な資産・負債・資本の管理に関わる「個別管理簿記」が存在する。そして，これら3局面でそれぞれ目的が異なり，別個の簿記を要請するのである。

　すなわち，われわれが簿記の役割や機能を論ずるとき，これらの各局面を認識しなければならない。

●注

1　この場合の当座預金，当座借越勘定は，その時の有高そのものを示している。取引の流れを意識したものではない。つまり，当座預金入金の事実を記録していない。

2 当座借越は，短期借入金としてもよい。
3 たとえば，ある備品（残存価額0円とした場合）が償却され，総勘定元帳上，帳簿価額が0円となっても，簿外資産として，廃棄されるまで備品台帳には計上され続けなければならない。
4 安藤英義,『新簿記』実教出版, 2016年, 87頁。
5 日本商工会議所,『【日商簿記】出題区分表改定 2級・新規論点に関するサンプル問題』, 2015年, 7頁。ただし,「支払手数料は販売時に計上する。」という条件が付けられているが, 教育機関として簿記理論を意識する姿勢があれば, 何らかの付属説明があってしかるべきだと思う。
6 沼田嘉穂,『簿記教科書（五訂新版）』同文館, 1999年, 41-45頁。
7 新田, 善積, 辻, 中村, 木村, 池川,『実践 財務諸表分析（第2版）』中央経済社, 2017年, 第1章（新田担当）。
8 （借）前受売上金 100,000 （貸）売 上（負債減少の原因） 100,000
9 リースの総額の表示こそ外部との取引額を示すとともに, この額はリースの管理上も必要である。なお, 長期短期の区分表示は資金管理上, 必要となる。
10 安藤英義,『新簿記』実教出版, 2016年, 110頁。
11 例示は, 第10章, 図表10-4 得意先元帳を見よ。

（新田忠誓）

資産負債アプローチと簿記
―収益認識基準(発送基準から検収基準へ)の変更に寄せて―

1 はじめに

 第9章では,簿記の役割として,3つを挙げた。
 そのうちの財務諸表作成簿記といえば,資産負債アプローチへの会計制度の移行の典型として,収益認識基準の変更すなわち発送基準(販売基準)から検収基準(債権確定基準)への変更が挙げられる。従来は,販売基準により,企業側の立場で記録が行われていた[1]。これに対し,検収基準になると,取引の相手側の立場での記録が行われることになる。つまり,外部の事情により記録が行われる。ということは,これまでの帳簿の体系を大幅に変えると考えられ,簿記論としても大きな議論になる。
 これまで収益の計上に関わってきた帳簿では,売上帳が特殊仕訳帳とされ,ここからすべての記入が始まった。そして,財表作成に至るまで,帳簿としては,売上帳に加えて,得意先元帳,商品有高帳が関係していた。収益認識が変われば,これらの帳簿の役割を再構築することが必要になる。そこで,本章では,これを取り上げる。なお,この場合,従来の帳簿をもとにして検収基準に沿って改修する立場に立つ。
 ところで,そもそも商品の販売であるから,商品そのものの動きを捉える商品有高帳の役割と意義を最初に分析しておきたい。とりわけ従来の簿記書とくに簿記検定での商品有高帳の記入の仕方に問題なしとしないからである。

2 商品在高帳の記入と役割

　一般に，商品有高帳は補助簿とされ，図表10-1の形の記帳が勧められてきたようである[2]。

図表10-1 商品有高帳

A商品・商品有高帳　　　　　　　　　　　　　　　　［先入先出法］

××年		摘要	入庫			出庫			在庫		
			数量	単価	金額	数量	単価	金額	数量	単価	金額
6	1	前月繰越	20		390				5	18	90
									15	20	300
	2	東京商店				5	18	90			
						5	20	100	10	20	200
	4	福岡商事	20	21	420				10	20	200
									20	21	420
	5	東京商店				10	20	200			
						5	21	105	15	21	315
	30	次月繰越				15	21	315			
			40		810	40		810			

　そもそも補助簿として商品有高帳をつける理由は，どこにあるのであろうか。それは，在庫管理，より直接的に言うと数量（在高）の管理であろう。とりわけ在庫数量不足は円滑な企業活動の阻害要因となる。よって，この情報は経営にとって必要である。前月繰越在庫欄の数量表示や2日の出庫欄の表示などに見られるように，図表10-1の商品有高帳は，この役割を果たしていない。数量の管理のためには，在庫数量そのものを前面に出す図表10-2のような商品在高帳が必要になる[3]。ここでは，数量管理を明らかにするために，あえて「商品'在'高帳」と表記している。

第10章 資産負債アプローチと簿記—収益認識基準（発送基準から検収基準へ）の変更に寄せて— ◆ 147

図表10-2 商品在高帳

A商品・商品在高帳　　　　　　　　　［先入先出法］

××年		摘　要	入庫			出庫			在庫		
			数量	単価	金額	数量	単価	金額	数量	単価	金額
6	1	前月繰越	20 {5　15	18　20	390				20		
	2	東京商店				10			10		
	4	福岡商事	20	21	420				30		
	5	東京商店				15			15		
		出庫計:払出原価				25		*495			
	30	次月繰越				15	21	315			
			40		810	40		810			

*810－315＝495

　この帳簿は第1に，数量を把握している。仮にこの商品の正常在庫が15個だとすると，倉庫係は6月2日に直ちに次の発注をしなければならない。つまり，商品在高帳は財表簿記ではないことは勿論，日々の取引の証拠となる金額を扱う日記帳簿記でもなく，第11章で示す「管理簿記」である。

　一方で会計上，商品有高帳に期待されるもう1つの役割は払出原価計算のための情報の提供である。いま，先入先出法の払出原価を計算したければ，図表10-2のように期末在庫価額を直近の仕入単価（21円）により計算した上で，払出原価を誘導すればよい。期中の金額は重要ではない。このように見ると，前掲図表10-1の商品有高帳が対象としているのは，単価の流れであり，会計学の先入先出法の学習をしているに過ぎない。いわば財表簿記の世界のものである。なお，ここで計上されている出庫合計および期末有高は，販売基準によるものである。

　このような見方を確認した上で，次に，収益の基準が，検収基準によった場合の帳簿組織について考える。

3　検収基準による帳簿組織

　発送基準による従来の帳簿組織では一般に，出荷したら，売上帳に記録され，得意先元帳に個別転記され，総勘定元帳には，特殊仕訳帳制度を採っていれば，

合計転記される。一方で，補助簿としての商品有高帳では，出庫の記録がなされる。

それでは，検収基準の場合に，この帳簿組織を前提とした場合，どのように変化するであろうか。

検収基準による帳簿組織には2種類の方法が考えられよう。1つは，従来のように企業の出荷行為を記録する帳簿：出荷記入帳（財務諸表作成に関係ないので，補助記入帳）を設ける方法であり（第1方式），2つは，出荷は収益認識つまり収益認識と関係がないので，これに係る帳簿は設けず，従来の帳簿組織を延長し債権を管理する得意先元帳と商品の動きを示す商品在高帳のみにより把握する方法である（第2方式）。

第1方式から説明する。

帳簿の関係は丁合番号で示されるので，出荷記入帳を＜5-1-6＞（5-1は出荷発送行為；うち5は売上勘定に関わることを示す；6は6月を示す），得意先元帳：東京商店を＜3-02＞（3は売掛金の系統であること＜総勘定元帳の丁合番号も3＞；02は東京商店の丁合番号を示す），検収基準による売上帳（ＡＢＣ商品販売部門）を＜5-2-6＞（5-2のうち5は売上勘定の丁合番号と同じ；2は出荷記入帳に続くこと；6は6月を示す）とする。

関係する取引を仕訳で示したほうがわかりやすいと思われるので，まず仕訳を示す。

なお，帳簿の例示はしないが，得意先元帳：新潟商店を＜3-01＞，得意先元帳：京都商店を＜3-03＞とする。また，総勘定元帳：売掛金勘定および売上勘定へは特殊仕訳帳としての売上帳から合計転記するものとする。＜　＞は丁数欄の記入を示し，数値は丁合番号である。

```
6. 2 (借) 売  掛  金 <3-01>    600  (貸) (C商品)売上 <5-2-6>  600
   〃 (借) 東 京 商 店 <3-02>    250  (貸) (A商品)出荷 <5-1-6>  250
   3 (借) 売  掛  金 <3-02>    250  (貸) (A商品)売上 <5-2-6>  250
   4 (借) 仕      入            420  (貸) 買  掛  金            420
   5 (借) 東 京 商 店 <3-02>    375  (貸) (A商品)出荷 <5-1-6>  375
   6 (借) 売  掛  金 <3-02>    375  (貸) (A商品)売上 <5-2-6>  375
   〃 (借) (A商品)売上 <5-2-6>   10  (貸) 売  掛  金 <3-02>     10
  20 (借) 現      金 <1-6>     480  (貸) (C商品)売上 <5-2-6>  480
```

	25	（借）	当　　　　座	<2-3-6>	700	（貸）	東　京　商　店	<3-02>	700
	27	（借）	新　潟　商　店	<3-01>	300	（貸）	（C商品）出荷	<5-1-6>	300
	28	（借）	（C商品）出荷	<5-1-6>	300	（貸）	新　潟　商　店	<3-01>	300
	〃	（借）	受　取　手　形		300	（貸）	（C商品）売上	<5-2-6>	300
	〃	（借）	京　都　商　店	<3-03>	400	（貸）	（B商品）出荷	<5-1-6>	400
	29	（借）	保　険　未　決　算		400	（貸）	仕　　　　入		400
	〃	（借）	（B商品）出荷	<5-1-6>	400	（貸）	京　都　商　店	<3-03>	400
	30	（借）	京　都　商　店	<3-03>	400	（貸）	（B商品）出荷	<5-1-6>	400

月次決算：
| | 30 | （借） | 繰　越　商　品 | | 400 | （貸） | 仕　　　　入 | | 400 |
| 7. | 2 | （借） | 現　　　　金 | <1> | 50 | （貸） | 前　受　金 | <3-02> | 50 |

　この仕訳に基づき，出荷行為の説明が目的なので，出荷記入帳（図表10-3）に重きを置いて，取引の記帳過程の説明をする。なお，出荷については便宜上，出荷（発送）行為を示す「出荷」勘定を使用する。出荷勘定と「売上」勘定の前に付けた（　）は扱う商品の種類を示すために付けたものであり，勘定としては不要である。

　6月2日のC商品の売上（図表10-6　売上帳の記入）は，検収基準によるものなので，6月の出荷記入帳の対象ではない。つまり，出荷は前月以前に行われている。これは，売上帳の記録からわかるように，新潟商店への販売である。

　6月2日のA商品出荷から，補助記入帳である出荷記入帳の対象となる（図表10-3　出荷記入帳）。これは日記帳であるから，出来事の記入で足り，有高を記入する必要はないであろう。この帳簿の丁数欄（<3-02>，<4-01>）からわかるように，出荷行為は，取引相手（人名勘定）：得意先元帳・東京商店（出荷記入帳欄<5-1-6>）と同時に，商品（財）の減少の記録（商品在高帳「出庫丁数」欄<5-1-6>）になる。このとき，得意先元帳には，取引金額が記載されるが，商品在高帳では，第2節で述べたように，数量の記入が対象となる。つまり，ここに取引金額は記入できない。

　なお，＜　＞で示している転記の関係については，企業の管理の仕方にある。管理の主権が出荷部門にあるときは，出荷部門（出荷記入帳）から在庫管理部門へ（商品在高帳）情報が伝えられるが，在庫管理部門にあるときは，ここから出荷部門に伝えられる。以下，同様である。

3日は，出荷したＡ商品が相手方（東京商店）の検収を受け，債権が確定した時の記録である。この取引は最初に，得意先元帳・東京商店の記録（「売上帳／当座勘定記入帳／現金出納帳」欄）になることは間違いない。これを受けて，検収基準による売上の事実を示す売上帳（ＡＢＣ商品販売部門で管理：特殊仕訳帳制を採っているとする）に転記されよう（得意先元帳＜5-2-6＞）。売上帳の丁数欄の記入＜得3-02＞は，これを示している。ここでは，念のため，出荷記入帳でもその後の検収を確認するために，「売上帳」欄を設け，売上帳からの転記の記録を行っている（＜5-2-6＞）が，これは出荷活動と関係ないので，本来，不要である。なお，検収は，企業側の記録である商品在高帳とは関係ない。

　4日の仕入取引は，商品在庫がなくなると，商品在高帳の説明が不条理になるので，付け加えたものである。ここでは，入庫の事実が仕入帳から転記されている（仕入帳丁数欄＜4-6＞）。

　5日と6日の上段の仕訳については，前の2日，3日の説明で足りる。ここではさらに，運送中に，一部商品（5個）に汚れがあり，値引きせざるをえなかった例（6日下段）を設けた。これは，得意先元帳・「売上帳／当座勘定出納帳／現金出納帳」欄（＜5-2-6＞）と売上帳（「売掛金」欄）に現れている。総勘定元帳：売上勘定の修正と考えると，売上帳を修正してから，得意先元帳へ転記するほうが論理的と考えられるが，ここでは，得意先元帳から情報を上げ，売上帳を修正する方法を採っている（＜得3-02＞）。

　20日の取引は，店頭現金売りの場合である。これは売上帳に記入される（口座番号：5-2-6）と同時に，現金出納帳（口座番号：1-6）にも記入される。ここで，売上帳の丁数欄に「✓」が記入されているのは，月末に合計転記するからである。なお，掛売りではないので，出荷記入帳とは関係がない。

　25日は，債権決済の振込みがあった場合である。取引銀行（丁数：3）の当座勘定出納帳（口座番号：2-3-6）に記入され，ここから得意先元帳へ減少の転記が行われる（「売上帳／当座勘定出納帳／現金出納帳」欄；当2-3-6）。売掛金勘定の減少記録は，当座勘定出納帳から行われる。

　27日は，新潟商店（得意先元帳，省略；口座番号は3-01）へ，Ｃ商品を送付した場合である。出荷記入帳に記録され（丁数欄を見よ），例示はしていないが，Ｃ商品在高帳に記入される。その後の検収は，翌28日の第2行目の仕訳に示

されているが，検収と同時に手形を受け取った場合を考えてみた[4]。ここで，当該企業が採用している帳簿組織ならびに管理組織に拠るが，借方は，特殊仕訳帳としての受取手形記入帳に記載され，受取手形勘定（口座番号：4）の増加は，ここから転記されるとする。一方，貸方は，売上帳に記載される。

次の28日，29日は，発送した商品が事故にあった場合である。この事実は，出荷記入帳には記載されるが，丁数欄の「／」からわかるように，売上帳とは関係ない。その後，保険の処理が行われるまで，保険未決算勘定で処理される。なお，得意先元帳：京都商店には「出荷記入帳」欄で記載されるが，「売上帳／当座勘定出納帳／現金出納帳」欄に記載されないことは勿論である。

30日には，注文商品が京都商店へ改めて再送された。いま，仕入勘定により仕入活動と売上原価を計上する方法を採っている場合，収益認識を検収基準にしたとき，売上原価の計算において，この配送中の調整を行わなければならない。これが30日の仕訳（月次決算）である。つまり，配送中の商品を計算上，繰越商品に戻し入れなければならない。これは商品在高帳の記録とは関係ない。

7月2日は，東京商店が手付金を支払った場合の記録である。これは第9章第4節の説明の例示であり，「売上帳／当座勘定出納帳／現金出納帳」欄の記入からわかるように，手付けを受けることにより，当該企業は，東京商店に債権ではなくて，債務を負っている（貸方残）。

最後に，特殊仕訳帳制を採っているとして，売上帳から総勘定元帳への転記関係を説明する。ここでは，総勘定元帳に，「現金売上」（丁数：＜1-1＞），「手形売上」（丁数：＜4-1＞）の精算勘定を設けている。丁数の標記「1」が現金勘定，「4」が受取手形勘定を示し，「-1」はそれぞれの精算勘定としての枝番である。

仕訳を示すと，次のようになる。

（借）（現 金 売 上）＜1-1＞　　　480　（貸）（売　　　　　上）＜5＞　　2,005
　　　（売　掛　金）＜3＞　　　1,225
　　　（手 形 売 上）＜4-1＞　　　300
（借）（売　　　　　上）＜5＞　　　10　（貸）（売 上 値 引）＜6＞　　　10

総勘定元帳で，現金売上は特殊仕訳帳の現金出納帳に設けられた貸方「現金売上」，手形売上は受取手形記入帳の貸方「手形売上」勘定と相殺消去（精算）される。

図表10-3　出荷記入帳

<5-1-6>　　　　　出　荷　記　入　帳

××年		摘　　要	丁　数			金　額	備　考
			得意先元帳	商品在高帳	売上帳		
6	2	東京商店　平成運輸	3-02				
		A商品 10個 @¥25		4-01	5-2-6	250	
		・ ・					
	5	東京商店　平成運輸	3-02				
		A商品 15個 @¥25		4-01	5-2-6	375	
・ ・		・ ・				・ ・	
	27	新潟商店　平成運輸	3-01				
		C商品 10個 @¥30		4-03	5-2-6	300	
	28	京都商店　平成運輸	3-03				6/29交通事故
		B商品 20個 @¥20		4-02	／	400	による破損
	30	京都商店　日本運送	〃				6/28分再送
		B商品 20個 @¥20		〃		400	

図表10-4　得意先元帳

<3-02>　　　　　　東　京　商　店

××年		摘　要	出荷記入帳／商品在高帳			売上帳／当座勘定出納帳／現金出納帳					
			丁数	金額	備考	日付		丁数	借方	貸方	借/貸	残高
6	1	前月繰越				6	1	✓			借	100
	2	A商品10個@¥25	5-1-6	250			3	5-2-6	250		〃	350
	5	A商品15個@¥25	〃	375			6	〃	375		〃	725
		5日、汚れ2個@¥5値引					〃	〃		10	〃	715
		東海銀行新宿支店当座振込					25	当2-3-6		700	〃	15
	30	期中合計					30		625	710	貸	85
		前月繰越							100			
		次月繰越						✓		15		
=	=								725	725		
		前月繰越				7	1	✓			借	15
		*受注/他店小切手no.12					2	現2		50	貸	35

第10章 資産負債アプローチと簿記─収益認識基準(発送基準から検収基準へ)の変更に寄せて─ ◆ 153

図表10-5 商品在高帳

<4-01> 　　　　　　　　　　A商品・商品在高帳　　　　　　　［先入先出法］

××年		摘　要	入庫				出庫				在庫		
			仕入帳丁数	数量	単価	金額	出荷帳丁数	数量	単価	金額	数量	単価	金額
6	1	前月繰越	✓	20		390					20		
	2	東京商店					5-1-6	10			10		
	4	福岡商事	4-6	20	21	420					30		
	5	東京商店					〃	15			15		
	30	出庫計						25		495			
		次月繰越						15	21	315			
				40		810		40		810			
7	1	前月繰越	✓	15		315					15		

図表10-6 売上帳

<5-2-6> 　　　　　　　　　　ＡＢＣ商品・売　上　帳　　　　　　　［ＡＢＣ商品販売部門］

××年		摘　　要	丁　数	現　金	売掛金	受取手形
6	2	新潟商店　　　　掛	得3-01			
		C商品 20個 @¥30	5-1-5		600	
	3	東京商店　　　　掛	得3-02			
		A商品 10個 @¥25	5-1-6		250	
	6	東京商店　　　　掛	得3-02			
		A商品 15個 @¥25	5-1-6		375	
	〃	**東京商店　　　値引**				
		**　　A商品　2個　@△¥5**	得3-02		10	
	20	店　頭				
		C商品 15個 @¥32	✓	480		
	28	新潟商店　　　　手形				
		C商品 10個 @¥30	✓			300
	30	現金売上	1-1	480	1,225	300
		掛売上（売掛金）	3	1,225		
		手形売上	4-1	300		
		総売上（売　上）	5	2,005		
		**　　売上値引**	〃/6	10		
		純売上		1,995		

［注］ここでは、売上の相手勘定として、現金、売掛金、受取手形しかないとしている。
　　　ゴシック体は、朱記を表す。
　　　なお、丁数欄下段の丁合番号は出荷記入帳への転記を示す。

以上が，企業側の活動を記録する出荷記入帳を設ける第1方式である。

次は，第2方式で，この方法は，出荷記入帳法を設けず，商品在高帳（ここでは，金額を扱うので，商品有高帳と表示），得意先元帳，売上帳で管理する方法である。この場合の売上帳は，検収基準によるものである。

第2方式でも出荷の情報は必要である。これに直接関わるのは商品有高帳であり，これを利用する。ここでは，その都度払出原価を計算する方法を示した（図表10-7）。また，債権の確定をしなければならないので，得意先元帳も必要である。

出荷の事実（6月2日）を商品有高帳により確認する（出庫欄）と，これが得意先元帳に転記される（丁数欄：得3-02）。得意先元帳の商品有高帳欄：4-01の記入がこれを表している。ここで問題になるのが，金額の表示である。商品有高帳では取得原価（190円）しかわからない。これに対して，得意先元帳では，売価（250円）で記入される（商品有高帳欄：250）。

検収を確認したときは，得意先元帳から売上帳に転記される（売上帳／当座勘定出納帳欄：5-2-6）。この手続は，第1方式と同じであるので，売上帳は示していない（図表10-6　売上帳）。ただし，出荷記入帳がないので，丁数欄の出荷記入帳との転記関係を示す丁数は記入されない。

なお，売上帳から総勘定元帳への転記関係は既述と変わらない。

図表10-7　商品有高帳

<4-01>　　　　　　　　　　A商品・商品有高帳　　　　　　　　［先入先出法］

××年		摘要	丁数	入庫			出庫				在庫			
				数量	単価	金額	数量	内訳	単価	金額	数量	内訳	単価	金額
6	1	前月繰越	✓	20		390					20	5	18	
												10	20	290
	2	東京商店	得3-02				10	5	18		10	10	20	200
								5	20	190				
	4	福岡商事	4-11	20	21	420					30	10	20	
												20	21	620
	5	東京商店	得3-02				15	10	20		15		21	315
								5	21	305				
	30	払出原価					25			495				
		次月繰越					15		21	315				
				40		810	40			810				

ところで，6月2日の商品有高帳（本来は数量計算である）から得意先元帳へ転記関係を仕訳形式で示すと，

6.2.（借）東京商店 ＜3-02＞ 250　　　（貸）A商品（出庫）＜4-01＞ 10個（190）

と表現される。これは，両帳簿とも補助簿であり，相互に数値の関連のない単式記入すなわち単式簿記であることを示している。

図表10-8　得意先元帳

＜3-02＞　　　　　　　　　　東　京　商　店

××年		摘　要	商品有高帳		売上帳／当座勘定出納帳					借/貸	残高
			丁数	金額	日付		丁数	借方	貸方		
		前月繰越			6	1	✓			借	100
6	2	A商品10個@¥25	4-01	250		3	5-2-6	250		〃	350
	5	A商品15個@¥25	〃	375		6	〃	375		〃	725
		5日，汚れ2個@¥5値引				〃	〃		10	〃	715
		東海銀行新宿支店当座振込				25	当2-3		700	〃	15
		期中合計				30		625	710	貸	85
		前月繰越						100			
		次月繰越					✓		15		
								725	725		

4　おわりに

　前節では，会計上，収益認識基準が発送基準（販売基準）から取引相手の検収基準に変わったことに伴う帳簿組織構築の問題を扱った。これにより，簿記の最終目的とされている財務諸表作成のための簿記の着地点と簿記の他の機能とが明らかになるからである。財表の作成のためには，前掲（図表10-6）の売上帳の合計仕訳からわかるように，総勘定元帳の金額さえ財務諸表作成上要請された数値になっていればよい。つまり，財表簿記は総勘定元帳の世界の簿記といえる。

　ここで，6月30日の繰越商品勘定への未検収額（出荷済）の戻し計上（400）も思い出してほしい。日記帳簿記から得られる総勘定元帳：仕入勘定の数値は当初，日記帳つまり仕入帳から得られた数値になっている。これを，財表簿記

の世界になると，会計基準に合うように修正しなければならない。つまり，日記帳簿記のもたらす資料と財表簿記の求めるものとには違いが出る。これは，第9章で述べたように，取引を把握する勘定の意味の違いに基づく。すなわち，日記帳簿記での勘定は，人名勘定（取引先ないし各商品名）としての意味を持ち，財表簿記の世界の勘定は，いわば物的―企業活動への機能的―意味を持つ。つまり，同じ勘定名でも日記帳の次元と財表の次元では含意している意味が異なる。

さて，財表簿記に対し，企業の活動を把握するためには，日記帳としての帳簿のあり方すなわち企業組織を考えた帳簿組織ないし帳簿形式および記入の仕方を考えなければならない。この点，出荷記入帳を設定する第1方式は，第2方式より企業の活動を示し優れている。これに関し，出荷活動の日記を設けない第2方式は，収益認識を検収基準にした財務諸表の作成のみを目途とした帳簿体系であるといえるかもしれない。この方式では，第2節で示したように，そもそも物の動きを把握する管理簿記の範疇に入る商品在高帳を日記帳として使用せざるをえない。しかし，この代用には，6月2日の仕訳で示したように，出荷に係る情報を受け取る得意先元帳への転記に際し，金額欄の記入において無理があった。出庫を記入する商品在高帳が物の動きを対象とし，人との取引つまり取引金額を対象としていなかったからである。仕訳で示したように，複式記入において，数量対金額という次元の異なるもの対象としていた。

しかしながら，ここで，いずれにせよ帳簿組織論として，帳簿と帳簿の関係つまり情報の伝達の仕組みを示す丁数欄は必要不可欠であることは指摘しておかなければならないことはいうまでもない。

ところで，そもそも，第1方式は，自分の取引記録を重視した記録簿記である。その場合，出荷記入帳で使用される勘定の意味は人名（取引相手）勘定である。そうであれば，検収基準になると，これまでの発送基準の簿記では補助元帳に過ぎなかった人名勘定である得意先元帳が簿記をリードすることになるのは，当然かもしれない（第2方式も参照）。

収益認識を変えたことにより，日記帳簿記と財表簿記の本質的な違いが明らかになったといえよう。

最後に，総勘定元帳を財務諸表作成に適した数値にするためには，売上帳を作成せず，得意先元帳から直接，売上，売掛金勘定に合計転記すればよい。し

かし,それでは,企業管理上,販売活動の詳細と全体像を得ることはできない。ここに,簿記の果たす管理機能の側面が出てくる。

●注
1　販売基準による「売掛金」は,いわゆる'収益・未収入'であり,売掛金としての債権が確定したわけではない。これは,企業の立場での収益計上である。
2　たとえば,安藤英義,『新簿記』実教出版,平成28年,103頁。
3　新田他,『エッセンス簿記会計(第13版)』森山書店,2017年,76頁。
4　たとえば,あらかじめ引受済みの新潟商店名宛の為替手形を保有し,検収の通知と同時に,手形を発行した場合である。銀行に持ち込め,割引すれば,即資金化できる。

(新田忠誓)

管理簿記の展開
―手形取引の把握に寄せて―

1　はじめに

　第9章「帳簿組織と簿記（帳簿）の目的」において，簿記の機能すなわち帳簿の作成目的として，取引についての日記帳，財務諸表の作成，個別財産（含，負債・資本）の管理の3つがあることを示した。これを受け，第10章「資産負債アプローチと簿記」で，前2者の機能，日記帳簿記と財表簿記それぞれの違いと意味を説明した。

　そこで，最後の課題として，管理においてさまざまな面が出てくる手形を例にとり，個別財産管理のための帳簿のあり方と工夫について考えてみる。ここでは，管理に係るさまざまな帳簿が創造される。

　まず，次（図表11-1・160頁）の「受取手形記入帳」を提示し，論を進める。

　この日記帳の情報は，次の合計仕訳で示すように，総勘定元帳に転記され，財表簿記に結びつけられる。

　9.30.（借）受　取　手　形　　1,150,000　　（貸）諸　　　　口　　　　　　0
　　　　　　　　　　　　　　　　　　　　　　　　　売　掛　金　　　700,000
　　　　　　　　　　　　　　　　　　　　　　　　　手　形　売　上　　450,000

　この仕訳から，手形売上勘定は精算勘定であること，および，売上帳も特殊仕訳帳となっていることがわかる。

この当月のフロー(期間)情報の転記により,月末において総勘定元帳が受取手形の有高情報を示すことになる。なお,この帳簿体系では,総勘定元帳・受取手形勘定の減少記録は,当座勘定出納帳から合計転記される。

この仕組みでは,総勘定元帳が財務諸表作成に必要な数値を計上しており,この点では問題ない。しかし,手形の管理すなわち財産管理の点で,問題が生じる。その最も理解しやすいのが支払手段(資金)として利用される受取手形(後述のように支払手段としての手形全体つまり受入手形)のその時々の有高がわからない点である。

さらに,記入帳そのものの問題も出てくる。そもそも記入帳は日記帳であり,この受取手形記入帳の専らの対象は,合計仕訳からもわかるように,受取手形勘定の増加情報提供である。顛末欄があり,その後の解消の動きが記載されるようにはなってはいるが,手形の管理においてこの記録だけでは不十分であることはいうまでもない。財表簿記を超えて,管理簿記が必要な所以である。

なお,後の論述のために,提示した記入帳(図表11-1)の,一般に示されている受取手形記入帳との形式上の違いも述べておく。これは,帳簿と帳簿の関係すなわち情報の伝達に関わる丁数欄の工夫にある。つまり,この記入帳には,丁数欄が3つ設けられている。第1番目の丁数欄は,得意先元帳ならびに諸口勘定に記入したときの当該総勘定元帳への転記の確認のために使用されるものであり,通常習うものである。これに対して,残りの丁数欄2つは,この丁数欄の名称通り,以下で提案する「受取手形(受入手形)有高帳」「期日毎受入手形管理帳」のへの転記を示すものであり,これが新規の工夫である。さらに,顛末欄の最後に,他の帳簿の関係を確認する照合欄も設けている。これについては後述する。

2　受入手形の個別管理(その1:日記帳簿記と管理簿記)

前節での問題提起を受け,受取手形の日々の有高のわかる帳簿,「受取手形有高帳」(後に「受入手形記入帳」へ展開)を次の取引により試作してみよう(図表11-2)。

図表 11-1 受取手形記入帳

受取手形記入帳

<3-9>

日付 月	日	摘要	証憑	貸方勘定	丁数	諸口	売掛金	手形売上	手形種類	手形番号	支払人
9	10		P11	X商店	得02		500,000		為	732	Z商店
	11	新規開拓Y商事	Q01		✓			350,000	約	322	Y商事
	20		P12	X商店	得02		200,000		約	739	X商店
	30	一見取引P組合	R01		✓			100,000	約	219	X商店
	〃			諸口	✓	0	700,000	450,000			
				売掛金	2	700,000					
				手形売上	3-1	450,000					
				受取手形	3	1,150,000					

[注] 受入手形有高帳（口座番号：3・10・12）（説明の例（この例と図表11-2）では，受取手形有高帳の段階）の記入欄の「3-x5」は，この有高帳の頁を示す。期日毎受入手形管理帳（図表11-3）の欄の記入も同じ。なお，この受取手形記入帳の記入法については，支↗

図表 11-2 受取手形有高帳（受入手形有高帳）

受取手形有高帳（⇒受入手形有高帳＜3・10・12-x5＞）

<3-x5>

丁数	日付 月	日	摘要	手形種類	手形番号	支払人	振出人 または裏書人	振出日 月	日	満期日 月	日	支払場所	丁数
	8	24	前頁繰越										✓
3-8		25		約	211	Z商店	Z商店	8	23	9	25	T銀行b支店	3・10・12-180
		31	次月繰越										
	9	1	前月繰越										✓
3-9		10		為	732	Z商店	X商店	8	25	11	25	S銀行d支店	3・10・12-245
3-9		11		約	322	Y商事	Y商事	9	9	10	25	S銀行f支店	3・10・12-211
3-9		20		約	739	X商店	X商店	9	18	12	25	S銀行d支店	3・10・12-359
当22		25		約	211	Z商店	Z商店	8	23	9	25	T銀行b支店	3・10・12-180
当22		〃		為	422	X商店	Q商事	7	31	9	25	T銀行b支店	3・10・12-180
当22		〃		約	732	Z商店	X商店	8	25	11	25	S銀行d支店	3・10・12-245
3-9		30		約	219	X商店	P組合	9	10	11	25	T銀行b支店	3・10・12-245
		〃	次月繰越										✓
	10	1	前月繰越										✓

[注] 金額欄の前の丁数の記入は，期日毎受入手形管理帳（口座番号：3・10・12）の記入場所（-180はその頁）を示す。これについては，図表11-3の[注]の説明も参照。なお，「3」は受取手形，「10」は営業外受取手形，「12」は手形貸付金勘定の口座番号である。つまり，この有高帳の頁表記：＜3-x5＞のうち，「3」は総勘定元帳・受取手形勘定の口座番号，-x5は，有高帳の記入頁を示している。xとしているのは，最初の「001」頁から始まり，数値（頁数）が増えていくことを示している。顛末欄の丁数は，この有高帳の内部の記↗

第11章　管理簿記の展開―手形取引の把握に寄せて―　161

振出人または裏書人	振出日 月	日	満期日 月	日	支払場所	受入手形有高帳	期日毎受入手形管理帳	顛末 月	日	摘要	照合
X商店	8	25	11	25	S銀行d支店	3-x5	3・10・12-329	9	25	割引	当22
Y商事	9	9	10	25	S銀行b支店	〃	3・10・12-211	10	25	決済	当23
X商店	9	18	12	25	S銀行d支店	〃	3・10・12-359	12	25	決済	当25
P組合	9	10	11	25	T銀行d支店	〃	3・10・12-245	11	25	決済	当25

払手形記入帳（図表11-5）ならびに期日毎受入手形管理帳（図表11-3）の［注］の説明も参照のこと。

借方	貸方	有高	顛末 月	日	銀行または裏書先	摘要	丁数
2,500,000	2,000,000	500,000					
450,000		950,000	9	24	M銀行b支店	取立	3-x5
	950,000						
2,950,000	2,950,000						
950,000		950,000					
500,000		1,450,000					
350,000		1,800,000					
200,000		2,000,000					
	450,000	1,550,000					3-x5
	150,000	1,400,000					3-x4
	500,000	900,000	9	25	M銀行b支店	割引	3・10・12-y3
100,000		1,000,000					
	1,000,000						
2,100,000	2,100,000						
1,000,000		1,000,000					

帳関係を示している。たとえば，9月25日の為替手形150,000円の決済においては，この決済取引の元取引である為替手形を受入れ記入がなされた頁（3-x4）を示している。これにより，情報の連続性が図られる。なお，受入手形有高帳になると，この記入は，「3・10・12-x4」となる。同じく，9月25日の約束手形割引500,000円の場合には，手形債権の継続を示すため，手形割引記入帳（図表11-6）の頁：(3・10・12-y3) を記入している。

```
 8. 25. （借）受取手形    450,000  （貸）売 掛 金    450,000 ：Z商店
 9. 10. （借）受取手形    500,000  （貸）売 掛 金    500,000 ：X商店
    11. （借）受取手形    350,000  （貸）手形売上    350,000 ：新規開拓・Y商事
    20. （借）受取手形    200,000  （貸）売 掛 金    200,000 ：X商店
    25. （借）当  座      450,000  （貸）受取手形    450,000 ：8月25日
     〃  （借）当  座      150,000  （貸）受取手形    150,000 ：決済
     〃  （借）当  座      498,000  （貸）受取手形    500,000 ：割引
         手形売却損        2,000
        （借）手形保証債務費  5,000  （貸）割引手形保証債務  5,000 ：保証債務
    30. （借）受取手形    100,000  （貸）手形売上    100,000 ：P組合
```

この帳簿（図表11-2）により，日々の受取手形（のちに受入手形に展開）の有高がわかり，資金の管理に必要かつ有用である。

ここで，8月25日の支払人Z商店，振出人同じくZ商店の約束手形を例にとり，この帳簿の記入法を説明しておく。8月25日に，手形を受け取ったとき，これがまず受取手形記入帳に記入され（この記入は省略），これを受け，この有高帳に転記される。この転記関係を示したのが，最初の丁数欄の丁数である。つまり，丁合番号3-8は8月の受取手形記入帳の記入場所を示し（図表11-1の記入帳は9月のもの），ここから転記され，手形の増加額450,000円が借方に記入される。一方の受取手形記入帳の受入手形丁数欄には，この有高帳の記入場所：3-x5が記入されている（図表11-1は9月のものだが，記入法は同じ）。この結果，有高帳では（次に説明する減少の記録と合わせ），その時点の受取手形（受入手形）の有高が計算される。これは日記帳である受取手形記入帳では果たせない機能であり，資金繰り上，この情報（資金として利用できる手形情報）はきわめて重要である。

受取手形（受入手形）はさまざまな形で決済に使用されるが，この手形は，その後9月24日に，取引銀行，M銀行b支店に取立てに出されるが，その顛末を顛末欄に記入する。この場合，取立ての事実ばかりではなく，無事決済されたかどうかの後追いも必要になる。そのために利用されるのが，最後の欄の丁数である。ここでは，取立てが成功した段階（9月25日）で，その成功を記入した有高帳の記入場所：3-x5を記入しておく。

9月25日には，有高帳の機能として，当該手形の取立て決済による減少の記録が行われる。この情報は，特殊仕訳帳制を採っている場合，当座勘定出納

帳からくるので，受取（受入）手形有高帳の当初の丁数欄には，当座勘定出納帳の記入場所（当22）が記入される．加えて，当該手形の由来（8月25日の割引による）が顛末欄最後の丁数欄に記入される（3-x5：この例では，同じ受取（受入）手形有高帳内の記録）．

さて，8月25日の取引に戻ると，有高帳の金額欄の前にも丁数欄がある．この欄の数値（3・10・12-180）は次に説明する期日毎受入手形管理帳の記入場所である．付言すると，前掲（図表11-1），受取手形記入帳においても，この管理帳における手形の顛末も跡付けようとし，期日毎受入手形管理帳の欄を設けている．この記入は複雑になるので，ここまでするのは必ずしも必要でないかもしれない．なお，記入帳では，顛末欄で，その後の顛末とともに，照合として，顛末に関わる当座勘定出納帳の丁数（たとえば，当22）も記入しているが，これも期日毎受入手形管理帳で管理できる領域であり，その必要性は薄いかもしれない．

以上が，資金管理を行う手形有高帳の説明（ここでは，例から受取手形に限っている）だが，管理の必要に応じて，このように管理簿記としてさまざまな帳簿が創造されなければならない．

手形は資金として利用できる支払期日が重要である．このためには，支払期日を管理する，先に述べた「期日毎受入手形管理帳」を設ける必要がある．

このとき，資金となる決済日を問題にしなければならないのは，受取手形に限らない．つまり，営業外受取手形も手形貸付金も期日になり，資金が流入し，資金として利用できる点で，企業にとっての意味は同じである．そこで，これら考えられるすべての手形取引も，この帳簿で扱わなければならない．したがって，'受取手形'という表現は適切ではなく，すべての手形を扱っているので，'受入手形'と名づけている．これは，受取手形有高帳（図表11-2）も同じであり，この有高帳の使命は，手形としての支払手段の有高を示すことである．よって，受取手形記入帳の下位帳簿としての帳簿ではなく，すべての手形を管理する「受入手形有高帳」として展開すべきである．ただし，ここでは，再度，表示し直すことは省略し，その考え方（および説明）を期日毎受入手形管理帳に委ねることにする．なお，この受入手形勘定は，機能別分類を採るわが国会計基準の，財表簿記の勘定ではないこともあえて付記しておく．

受取（決済）期日がくる手形はさまざまな手形取引からなり，その情報はさ

まざまな帳簿からくるので，期日毎受入手形管理帳の説明に先立ち，扱う取引を仕訳で示すとともに，情報を提供する帳簿（営業上でない取引は普通仕訳帳に記録する）も示しておく。

記入帳簿
4. 10. （借）手形貸付金 1,000,000 （貸）当　　座 1,000,000：普通仕訳帳
6. 9. （借）営業外受取手形 700,000 （貸）備　　品 800,000：普通仕訳帳
　　　　　　備品減価償却累計額 144,000 　　　　固定資産売却益 44,000
7. 26. （借）貸倒損失 700,000 （貸）営業外受取手形 700,000：普通仕訳帳
7. 31. （借）受取手形 150,000 （貸）売掛金 150,000：受取手形記入帳
　　　　　　　　　　　　　　　　　　　　　　　　　　：受入手形有高帳
8. 25. （借）受取手形 450,000 （貸）売掛金 450,000：受取手形記入帳
　　　　　　　　　　　　　　　　　　　　　　　　　　：受入手形有高帳
　〃　（借）当　　座 996,000 （貸）手形貸付金 1,000,000：当座勘定出納帳
　　　　　　手形売却損 4,000
　　　（借）手形保証債務費 10,000 （貸）割引手形保証債務 10,000：普通仕訳帳
9. 25. （借）当　　座 450,000 （貸）受取手形 450,000：当座勘定出納帳
　〃　（借）当　　座 150,000 （貸）受取手形 150,000：当座勘定出納帳

　受入手形の場合，図表11-3（166頁）の記入からもわかるように，決済日は必ずしも手形権利の消滅において重要でないことが多い。たとえば，4月10日に受け入れた約束手形（1,000,000円）の8月25日の記録で見るように，手形は割引等により譲渡され，資金として利用できるからである。ここでは付随的な管理すべき事象が発生する。これについては次の第3節で扱う。
　ここで，この管理帳の説明を行う。この帳簿の口座番号（3・10・12）の設定にあたっては，3（受取手形勘定），10（営業外受取手形），12（手形貸付金）と総勘定元帳の口座番号を振っている。受入手形有高帳もそう（3・10・12と）すべきであった。なお，180は，この帳簿の頁である。
　いま，通常の流れである7月31日の取引（150,000円）の記帳法を説明すると，手形の受け取りは，受取手形記入帳からくるので，最初の丁数欄にその場所（3-7）が記入される。ただし，この情報は，受入手形有高帳からも得られるので，この帳簿から転記してもよい。これは，その会社の情報伝達組織の形に依存する。ここでは，日記帳から情報を得る組織を考えている。その後，この手形が期日に決済されたとき，その情報は当座勘定出納帳から得られ，その表示（当22）とともに，消滅が記録される。これに対し，割引等いわば例外の

場合には，手形の行方について顛末欄も使用される。手形貸付金（1,000,000円）の場合，8月25日の手形の割引の事実が記入されるとともに念のため，受入手形有高帳の記入場所（3・10・12-x3）もこの丁数欄に記入しておく。勿論，割引日（8月25日）には，減少の記録が行われ，この手形の跡付け（9月25日，無事決済）も顛末欄で行われる。この丁数（3・10・12-y3）は後述（図表11-7・174頁）の手形割引記入帳の丁数を表す。

以上，管理のためには，日記帳簿記（受取手形記入帳）とは異なる次元（受入手形）の帳簿の構築が必要になる。

これまでは，手形を資産（債権）の面から見てきた。それでは，負債（債務）の面から見たら，どうであろうか。

3　決済手形の個別管理
（その2：日記帳簿記および財表簿記と管理簿記）

ここでも，債務の管理（支払資金の準備）の面で，全手形負債のその時々の有高を示す有高帳，支払手形のみならず，営業外支払手形，手形借入金を含む決済手形の有高帳「決済手形有高帳」が有用かつ重要であることはいうまでもない（この帳簿の記入法は有高帳として，受入手形有高帳（図表11-1の段階では受取手形有高帳）と同じであるから例示は省略する）。しかし，それにもまして，負債としての手形は，決済日に，資金を用意できるか資金繰りがきわめて重要である。したがって，期日毎受入手形管理帳（図表11-3に対応する）（同じ様式の）「期日毎決済手形管理帳」は必ず用意すべき帳簿になる。そこで，次の取引による，この帳簿を作成しておく。手形の決済日は，12月20日とする。

この帳簿組織も，先の債権としての手形に係る帳簿組織に相応して，「支払手形記入帳」（支払手形以外は普通仕訳帳などそれぞれの取引に相応した日記帳）→「決済手形有高帳」→「期日毎決済手形管理帳」となる。

```
                                                          記入帳簿
 6.25. （借）当　　　座    897,000 （貸）手形借入金  900,000 ：当座勘定出納帳
           支 払 利 息      3,000
10.20. （借）買　掛　金    500,000 （貸）支 払 手 形  500,000 ：支払手形記入帳
12.20. （借）支 払 手 形   900,000 （貸）当　　　座   900,000 ：当座勘定出納帳
    〃  （借）支 払 手 形   500,000 （貸）支 払 手 形  501,000 ：支払手形記入帳
           支 払 利 息      1,000                            決済手形有高帳
```

図表 11-3 　期日毎受入手形管理帳

9月25日付・受入手形管理帳

<3・10・12-180>

丁数	日付 月	日	摘要	支払銀行	手形種類	手形番号	支払人	振出人または裏書人	振出日 月	日	借　方
普2	4	10	手形貸付金	S銀行d支店	約	103	X商店	X商店	4	9	1,000,000
普11	6	9	営業外受取手形	R銀行a支店	約	342	J建設	J建設	6	8	700,000
普12	7	26	貸倒れ	R銀行a支店	約	342	J建設	J建設	6	8	
3-7		31		T銀行b支店	為	422	X商店	Q商事	7	31	150,000
3-8	8	25		T銀行b支店	約	211	Z商店	Z商店	8	23	450,000
当14			割引	S銀行d支店	約	103	X商店	X商店	4	9	
当22	9	25		T銀行b支店	約	211	Z商店	Z商店	8	23	
当22		〃		T銀行b支店	為	422	X商店	Q商事	7	31	
											2,300,000

［注］　この帳簿への転記（冒頭，丁数欄の記入）については，2つの道が考えられる。1つは，日記帳（普通仕訳帳，特殊仕訳帳（ここでは，受取手形記入帳と当座勘定出納帳））から転記する方法，2つは，受入手形有高帳から直接，転記する方法である。ここでは，前者の方法によっている。この方法では，後者の方法による上位下達の転記法に対して，元資料から受入手形有高帳と期日毎受入手形管理帳に転記されるので，両帳簿の間の照合が転記の誤↗

図表 11-4 　（銀行支店別）期日毎決済手形管理帳

M銀行b支店

12月20日付・決済手形管理帳

<18・25・27-351>

丁数	日付 月	日	摘要	手形種類	手形番号	受取人	振出日 月	日	借　方	貸　方	有　高
当9	6	25	手形借入金	約	200	M銀行b支店	6	25		900,000	900,000
18-10	10	20	D商会振出	為	099	A商事	10	15		500,000	1,400,000
当47	12	20		約	200	M銀行b支店	6	25	900,000		500,000
18-12		〃	更改	為	099	A商事	10	20	500,000		0
									1,400,000	1,400,000	

［注］　冒頭，丁数欄の記入について，ここでは，日記帳から転記する帳簿組織（情報伝達システム）を考えているが，決済手形有高帳からの転記（情報伝達システム）のよる場合には，↗

貸　方	有　高	月	日	摘　　要	丁　数
	1,000,000	8	25	割引，M銀行b支店	3・10・12-x3
	1,700,000	7	26	不渡り	3・10・12-x3
700,000	1,000,000				
	1,150,000				
	1,600,000				
1,000,000	600,000	9	25	決済	3・10・12-y3
450,000	150,000				
150,000	0				
2,300,000					

↗りを見る上で意味を持つからである。

　顚末欄の丁数には，摘要欄の記入に関わる帳簿の頁を記入しておけば，情報の管理上，便利であろう。たとえば，8月25日の割引については，この記入が行われた受入手形有高帳の頁，7月15日の不渡りについても，不渡りによる減少記録を記入した有高帳の頁を記入している。

月	日	摘　要	丁　数
12	20	更改	18・25・27-351
		更改	18・25・27-x9

↗この帳簿の頁が記入される。参考までに，決済手形有高帳の顚末欄に，この期日毎決済手形管理帳の頁：18・25・27-351 を記入しておけば，照合関係が明示される。

支払手形（口座番号：18）にせよ，営業外支払手形（口座番号：25），手形借入金（口座番号：27）にせよ，決済にあたって資金を手当てしなければならないのは同じであるから，受入手形有高帳（例では，受取手形有高帳（図表11-2）），期日毎受入手形管理帳（図表11-3）と同じ考え方で，これらをまとめた「決済手形」という勘定名を使用する。

10月20日の他店の買掛金決済のために使用された為替手形（引受け）（500,000円）を例に，この帳簿（図表11-4・166頁）の記入法を説明しておくと，当初の丁数欄には，この情報の提供先，支払手形記入帳の記入場所（18-10）が記入される。この手形自体は，12月20日（期日）に，更改により消滅したとすると，10月20日の顚末欄には，確認のため，当該手形が更改されたこと，および，その事実はこの管理帳（18・25・27-351）で確認できることが示される。一方，更改された12月20日の顚末欄の丁数欄には，決済手形有高帳の丁数（18・25・27-X9）を記入して，この手形の減少を確認する。

ところで，更改は，いわば例外的な事態であり，この仕訳は次のようになる。

12. 20. （借）支　払　手　形　　500,000　　（貸）当　　　　　座　　501,000
　　　　　支　払　利　息　　　1,000

この仕訳は，いずれにせよ最初に日記帳に記入されねばならない。そこで，特殊仕訳帳としての「（銀行支店別）支払手形記入帳」（図表11-5・170頁）を示した。ところで，支払手形の決済は取引銀行の支店で行われる。よって，日記帳として取引先相手別に作成するのが論理に合い，かつ便利である。この記入帳に，取引銀行支店名を記した所以である。なお，先の期日毎決済手形管理帳（図表11-4）の最初の丁数欄の数値（18-12）は，この支払手形記入帳の丁数を示している。

この支払手形記入帳の12月20日の取引の記入の仕方を，個別管理簿記との関係で説明すると，決済手形有高帳および期日毎決済手形管理帳欄には，更改による手形の減少（500,000円）が転記・記入された頁（それぞれ-x8と-351）が示される。一方，更改手形の増加（501,000円）は，支払利息記入の行を利用し，有高帳，管理帳に転記されたことが示される（それぞれ-x9，-090）。この際，注意しなければならないのは，更改された手形の額面：501,000円そのものは，記入帳（日記帳）の金額欄には示されない点である。この帳簿体系で

は，決済手形有高帳および期日毎決済手形管理帳への転記過程（支払利息の金額ではなく，摘要欄に付記した金額（¥501,000）を転記する）において示すしかない。

支払手形記入帳の12月の情報は，次の合計仕訳により，総勘定元帳（財表簿記）に繋げられる。

```
12. 31. （借）諸      口      1,000      （貸）支 払 手 形  1,251,000
              買 掛 金       500,000
              手 形 仕 入    250,000
              支 払 手 形    500,000
```

この転記により，総勘定元帳・支払手形勘定には，この期間に動いた支払手形の増加（貸方）の総額（更改により増加した手形の金額 501,000 円を含む）と減少額（この場合，更改による減少（借方）額 500,000 円）が反映され，財表作成のための情報を満たすことになる。しかしながら，既述のように，更改された新たな手形の金額（501,000円）は貸方の合計金額（1,251,000 円）の中に埋没し明示されない。この手形（金額）を管理するには，管理簿記に委ねるしかない。つまり，更改取引の検討により，財表簿記の情報の世界と管理簿記の世界の違いが明らかになった。手形そのものをいわば物的に管理できるのは，管理簿記であり，財表簿記では，総勘定元帳の数値が財表作成のために必要な数値になってさえいれば，それ以上の情報を求めない。

財表作成のための要請と個別管理の要請の違いがさらに明らかになるのが手形の割引においてである。

4　手形の個別管理（その 3：個別管理簿記と財表簿記）

いま，「9月25日付・期日毎受入手形管理帳」（図表 11-3）の割引取引を仕訳で示すと，財表作成のためには，次の仕訳が求められる。

```
8. 25. （借）当      座      996,000    （貸）手 形 貸 付 金 1,000,000
              手 形 売 却 損    4,000
              手形保証債務費   10,000    （貸）割引手形保証債務    10,000
9. 25. （借）割引手形保証債務  10,000    （貸）割引手形保証債務取崩益  10,000
```

個別管理の下でも，受入手形有高帳や期日毎受入手形管理帳で割引（手形

図表 11-5 （銀行支店別）支払手形記入帳

M銀行b支店

支払手形記入帳

<18-12>

日付		摘要	借方勘定	丁数	借方勘定				手形種類	手形番号	決済手形有高帳
月	日				諸口	買掛金	手形仕入	支払手形			
12	1		B商店	仕08		250,000			約	303	-x8
	15		G商会	✓			400,000		約	304	-x8
	20	更改	A商事	✓				500,000	為	101	-x8
		¥501,000	支払利息	✓	1,000				約	305	-x9
	25		D商店	仕12		600,000			約	306	-x9
	31		諸口	✓	1,000	850,000	400,000	500,000			
			買掛金	7	850,000						
			手形仕入	18-1	400,000						
			支払手形	18	500,000						
			支払手形	18	1,751,000						

［注］ 通常，支払手形記入帳には，受取人，振出日，満期日など手形管理に関わる欄が設けられるが，決済手形有高帳が設けられれば，これらの情報は，本来，この有高帳で管理すべきものなので，この記入帳には，これらの情報欄を設けていない。これに代わり，転記先の有高帳欄を設けている。加えて，手形の管理で重要な期日毎決済手形管理帳の欄も設けている。なお，これら帳簿（転記先）の頁の記入において，口座番号：18・25・27は明らかなので，↗

図表 11-6 手形割引記入帳（兼保証債務有高帳）

手形割引記入帳

<3-10・12-x3>

丁数	日付		割引銀行	支払場所	支払人	振出人または裏書人	手形種類	手形番号	振出日		満期日		摘要
	月	日							月	日	月	日	
✓	8	24											前頁繰越
当14		25	M銀行b支店	S銀行d支店	X商店	X商店	約	103	4	9	9	25	
普13		31	M銀行b支店	T銀行b支店	Y商会	X商店	為	299	6	20	8	31	決済
当15	9	25	M銀行b支店	S銀行d支店	Z商店	X商店	約	732	8	25	11	25	
普13		〃	M銀行b支店	S銀行d支店	X商店	X商店	約	103	4	9	9	25	決済
普14	11	25	M銀行b支店	S銀行d支店	Z商店	X商店	約	732	8	25	11	25	決済
当20	12	10	M銀行b支店	S銀行d支店	X商店	X商店	約	104	11	30	1	25	
普14		15	M銀行b支店	T銀行b支店	Z商店	Z商店	約	219	12	10	2	10	
✓		31											次期繰越
✓	1	1											前期繰越

［注］ 本文で述べたように，割引手形勘定は総勘定元帳にはない。冒頭の原始記録（日記帳簿記）からの転記関係を示す丁数欄には，日記帳の頁ではなく，管理簿記である受入手形有高帳や期日毎受入手形管理帳の頁を記入するのが妥当かもしれない。これに対し，保証債務の動きを転記しようとする場合には，冒頭の丁数欄に，このように各日記帳の頁を記入するのが妥当である。ただし，財表上，受取手形，営業外受取手形，手形貸付金ごとの保証債務の動きと有高を知る必要がある場合には，各勘定ごとの手形割引帳を作成する必要がある↗

第11章　管理簿記の展開―手形取引の把握に寄せて―　◆　171

期日毎決済手形管理帳	顛末			
	月	日	摘要	照合
－356	12	25	決済	当12
－005	1	25	更改	18-1
－351				
－090	3	20	決済	当3
－065	2	25	決済	当2

↗これら帳簿の頁の枝番（－○○）のみを記入している。なお，期日毎決済手形管理帳は，期を跨ぐと新しくなるので，頁数は，最初に戻る（たとえば，－005）。また，顛末欄の照合欄には念のため，顛末を記入している日記帳（当座勘定出納帳，支払手形記入帳）の頁を示している。なお，この企業の決算日は12月31日で，翌年に日記帳は新しくなるが，決済手形有高帳は継続しているとしている。

借方	貸方	残高	顛末				保証債務		
			月	日	摘要	丁数	借方	貸方	残高
	800,000	800,000						8,000	8,000
	1,000,000	1,800,000	9	25	決済	3・10・12-x3		10,000	18,000
800,000		1,000,000				3・10・12-x3	8,000		10,000
	500,000	1,500,000	11	25	決済	3・10・12-x3		5,000	15,000
1,000,000		500,000				3・10・12-x3	10,000		5,000
500,000		0				3・10・12-x3	5,000		0
	300,000	300,000						3,000	3,000
	600,000	900,000						6,000	9,000
900,000							9,000		
3,200,000	3,200,000						32,000	32,000	
	900,000	900,000						9,000	9,000

↗のは当然である。なお，この帳簿顛末欄の「丁数欄に記入された数値は，関連情報を記入した手形割引記入帳の頁を示している。たとえば，「3・10・12-x2」の表記は，この帳簿のこの頁に，当該手形が割引に出された（割引手形になった）事実が記入されていることを示している。8月25日の（取引の）摘要欄では，9月25日に，この手形が決済され，丁数欄には，この記録が当該帳簿の中（3・10・12-x3）に記入されていることを示している。

減少）の記帳が行われ，手形債権額は消滅させられる。問題は，手形管理上つまり個別管理上，この記録でよいのかという問題である。確かに，無事決済されれば，あらかじめ債権を消滅させておいても問題はない。しかし，不渡りになった場合，手形の額面が債務となり請求される。つまり，このリスク額（個別の債務額）を知っておくべきである。これに備えるために，このリスクを把握する帳簿，「手形割引記入帳」（図表11-6・170頁）も作成しておかねばならない。そこで，これを試作してみた。

　8月25日の手形貸付金（1,000,000円）の割引取引を例により，この帳簿の記入法を説明する。特殊仕訳帳制を採っている場合，割引の情報は当座勘定出納帳からもたらされる。この際，注意しなければならないのが，前で示した財表作成のための仕訳では，当座勘定出納帳には，入金額996,000円しか記入されず，この手形取引全体を把握できない点である。よって，次の仕訳により，この取引を分解して記入する必要がある。

　　8.25.（借）当　　　座　　1,000,000　（貸）手形貸付金　　1,000,000
　　　　　　手形売却損　　　　4,000　　　　　当　　　座　　　　4,000

これは，銀行がいわゆる通帳に行う記入と同じであり，照合上，有用である。さらに，手形に係る取引先（X商店）と売却取引先（銀行）とは異なるので，そもそも取引の相手を示す日記帳として区別すべきであるといい，この合理性を理論づけられるかもしれない。いずれにせよ，この処理により，当初の丁数欄（当14）から明らかなように，当座勘定出納帳から割引債務額が貸方に転記され，残高では，その時点の割引手形の総額（1,800,000円）が把握される。一方，保証債務の動きは，普通仕訳帳から得ることになる。この問題点は後述する。

　その後，この手形が無事，決済されたことがわかれば，支払義務から解放されるので，9月25日の記録からわかるように，その事実が記録される。これを仕訳で示すと，

　　9.25.（借）手形保証債務　　10,000　（貸）割引手形保証債務取崩益　　10,000

となる。この記録は普通仕訳帳で行われると一般の簿記書では教えられる。よって，割引手形記入帳の丁数欄には，この丁数（普13）を記入した。

　ところで，この仕訳では，手形そのものの金額は記入されない。よって，こ

の金額は他の箇所の記録（たとえば，受入手形有高帳）から誘導せざるをえない。手形そのものの金額も把握しようとすれば，一連の仕訳は次のようにすればよい。評価勘定として割引手形勘定を使う方法である。

8.25.	（借）	当　　　座	1,000,000	（貸）	割 引 手 形	1,000,000
		手形売却損	4,000		当　　　座	4,000
9.25.	（借）	割 引 手 形	1,000,000	（貸）	受 取 手 形	1,000,000

　この仕訳では，受取手形債権の最終的な決着までの経緯が跡付けられ（つまり日記の役割をし），これは手形割引記入帳の金額欄の記入と一致する。しかし，この仕訳は，保証債務額の把握をしないので，財表簿記の視点から否定される。

　さて，本題の財表簿記との関係に戻ると，管理のための割引手形記入帳で，保証債務の金額を財表作成のために取引ごとに記入する必要があるのかという問題が出る。この保証債務が個々の手形に合わせ，手形ごとに評価されるのであれば，必要といえるかもしれない。しかし，そもそも保証債務は割引行為に対するリスクであり，このリスク額を財表において負債として計上すればよいのであれば，割引手形期末有高に対して，貸倒引当金の計上処理のように，保証債務額を計上すればよい。これは，棚卸表による決算整理事項となる。そこで，これでよい場合の「割引手形有高帳」（図表11-7・174頁）を試作した。この帳簿では，情報は，受入手形有高帳（3・10・12-x4）および期日毎受入手形管理帳（3・10・12-120）つまり管理簿記の中から得られるものとし，丁数欄の記入を行っている。日記帳ならびに財表簿記で，割引手形そのものの動きが捉えられていない以上，合理的である。また，図表11-6では述べなかったが，割引に出した銀行ごとに記入したほうが有用なので，これを標題（M銀行b支店）で明示するとともに，図表11-6であった割引銀行欄は省いている。加えて，割引手形の管理を専らとしているので，保証債務も記入する手形割引記入帳に対し，「割引手形有高帳」と名称も変えた。

　さらに，念のため，取引ごとの保証債務費も記入しているが，財表簿記上は，計算日（決算日）の残高を見て，決算整理事項として次の記帳を行えばよい。つまり，先の保証債務の消滅記録（仕訳）は，財表簿記が日記帳簿記に求めている仕訳であり，日記帳としてあるべき手形そのものの動きを管理するものではないといえるかもしれない。

図表 11-7 （銀行支店別）割引手形有高帳

M銀行b支店

割引手形有高帳

<3・10・12-x3>

丁 数	日付		支払場所	支払人	振出人または裏書人	手形種類	手形番号	振出日		満期日		摘 要
	月	日						月	日	月	日	
✓	8	24										前頁繰越
3・10・12-x4		25	S銀行d支店	X商店	X商店	約	103	4	9	9	25	
3・10・12-120		31	T銀行b支店	Y商会	X商店	為	299	6	20	8	31	決済
3・10・12-x5	9	25	S銀行d支店	Z商店	X商店	約	732	8	25	11	25	
3・10・12-180		〃	S銀行d支店	X商店	X商店	約	103	4	9	9	25	決済
3・10・12-180	11	25	S銀行d支店	Z商店	X商店	約	732	8	25	11	25	決済
3・10・12-x7	12	10	S銀行d支店	X商店	X商店	約	104	11	30	1	25	
3・10・12-x7		15	T銀行b支店	Z商店	Z商店	約	219	12	10	2	10	
✓		31										次期繰越
✓	1	1										前期繰越

［注］ 図表11-6の手形割引記入帳とは異なり，冒頭の丁数欄には，割引手形の発生（受取手形・営業外受取手形・手形貸付金の減少）は，管理簿記の中で，当該事実を把握する受入手形有高帳（図表11-2の段階では，受取手形有高帳）の頁を記し，決済については，これ↗

12. 31.（借）手形保証債務費　9,000　（貸）割引手形保証債務　9,000

翻って，貸倒引当金とは違い，債務ごとに評価しているといったとしても，期中にその都度記入を行わなくとも，帳簿を見れば，未決済の手形がわかるので，これにより行うことができる（該当の保証債務費を加算する）。

以上，割引手形により管理簿記の世界を考えた。ここでは，管理簿記が割引手形自体の増減の把握という財表簿記に縛られない日記帳の役割も果たす点に注目しておきたい。

5　おわりに

この章では，日記帳簿記ならびに財表簿記と比較しながら，管理簿記の領域について考えた。この簿記では，経営管理上の必要に応じてさまざまな工夫が行われる。その際，情報の出所は日記帳であるとしても，その後は，受入手形有高帳や期日毎受入手形管理帳いわば受入手形勘定に見られたように，受取手形や営業外受取手形，手形貸付金勘定といった財表簿記の世界の認識とは異なるものであった。さらに，手形割引記入帳ないし割引手形有高帳で見たように，財表簿記に

借　方	貸　方	残　高	顛　末				保証債務費
			月	日	摘要	丁数	
	800,000	800,000					
	1,000,000	1,800,000	9	25	決済	3・10・12−x3	10,000
800,000		1,000,000				3・10・12−x2	
	500,000	1,500,000	11	25	決済	3・10・12−x3	5,000
1,000,000		500,000				3・10・12−x3	
500,000		0				3・10・12−x3	
	300,000	300,000					3,000
	600,000	900,000					6,000
900,000							9,000
3,200,000	3,200,000						
		900,000					

↗に関わる期日毎受入手形管理帳（図表11-3）の頁を記載している。財表簿記に支配されている日記帳簿記が，割引手形そのものを把握していないので，このようにならざるをえない。

縛られた日記帳簿記を補完する役割，否むしろ日記帳簿記の本来の姿を保持する役割を果たすこともある。

　簿記の学習の始めにある仕訳は，通常，財務諸表作成を意識しているとはいえ，企業の活動に沿った勘定分類に基づき行われている。これは，日記として，日々の企業活動の情報を把握しようとしているからであるといえよう。これに財務諸表作成の要請が加わっている。つまり，一般に簿記の最終目的とされる総勘定元帳上の情報は，財表作成の目的を内包した日記帳からのフロー情報の集約であるといえるかもしれない。これに対し，管理簿記は，経営管理の要請に応じた情報を把握している。このとき，対象の，物としての管理のために，その有高すなわちストック情報の把握のほうに目を向けているように思えてならない。ここに，管理簿記の特徴があるといえないであろうか。

　おわりに，管理簿記が「仕訳帳　総勘定元帳　財務諸表」の世界とは異質の世界にあるとしても，情報の確実な伝達は簿記論として重要である。このとき，伝達を保証する丁数欄の重要性および有用性に目を向けるべきである。これは，簿記論として，企業組織管理論の立場から，帳簿組織論学習の必要性・重要性の認識を産み出すことになろう。

（新田忠誓）

第12章

ITの進展と帳簿組織の現代的意義

1 はじめに

　本章では，帳簿組織について，IT技術の進展とXBRL（eXtensible Business Reporting Language）の登場によって，帳簿組織がどのように変容していくかについて論じることにする。

　伝統的な帳簿組織の議論は，手書きで帳簿に記入するということを暗黙の前提としておかれていたように思う。それゆえ特殊仕訳帳などを設定することによる二重仕訳の問題が，原理的に不可避であった。

　しかしながら，現在のようにネットワークが行き渡り，分散データベース下において会計情報システムが構築されている現状に鑑みると，特殊仕訳帳を設けることで生じる二重仕訳の問題は，技術的には簡単に回避できることになる。

　それを理解するための鍵となるのは，データベースの三層スキーマの考え方である。物理的に帳簿を分割し，それぞれに記録するということをする必要がない。元のデータベースは1つでありながらも，ヴァーチャルな形で特殊仕訳帳というものを表示させ，そこに記入することが可能であり，そのような方法をとることで二重仕訳が存在しないという状況がもたらされるからである。

　この問題を理解するには，やや技術的な話題について説明しなければならない。具体的には，データベース理論における正規化理論と，三層スキーマの概念を理解すること，そして電子的な帳簿を実現するための具体的な実装である

XBRL技術の理解である。

2 データベースの正規化と帳簿の分割の類似性

(1) 伝票会計における取引の分割・擬制

　唐突ではあるが，はじめに伝票会計における取引の分解・擬制について考えてみたい。たとえば以下のような仕訳を考えてみよう。

　　（借）現　　金　　　　950　　（貸）借　入　金　　　　1,000
　　　　　支払利息　　　　 50

　これは入金取引という側面を持った取引であると同時に，交換取引と損益取引が同時に組み合わさった混合取引という側面を持っている。

　周知のとおり，伝票会計においてそのままの形で処理することはない。3伝票であれば取引を分解し，借入金を現金部分¥950と支払利息部分¥50とに分けて，以下のように仕訳を表現しなおして処理をすることになる。

　　（借）現　　金　　　　950　　（貸）借　入　金　　　　 950
　　（借）支払利息　　　　 50　　（貸）借　入　金　　　　 50

　あるいは取引を擬制し，いったん全額の¥1,000を現金で受け取り，ただちに支払利息¥50を現金で支払ったかのように考え，以下のように仕訳を表現しなおして処理をすることになる。

　　（借）現　　金　　　 1,000　　（貸）借　入　金　　　 1,000
　　（借）支払利息　　　　 50　　（貸）現　　金　　　　 50

　このような処理をする根拠については特に理由を書かれないまま，簿記のテキストではこのような処理方法が紹介され，検定試験などでも出題されているが，ここで，このような処理をする背景について，少しばかり理論的に考察をすることにしたい。

　取引を分解する方法では，元の混合取引が，交換取引と損益取引に分解されている。また入金取引だったものが，入金取引と振替取引とに分解されたこと

がわかる。また取引を擬制する方法では，元の混合取引が，交換取引と損益取引に分解されている点は同じであるが，入金取引と出金取引とに分解されていることがわかる。以上のことから理解できるのは，伝票会計の慣用的に用いられてきた方法は，混合取引となる仕訳については交換取引と損益取引とに分解し，さらには入金取引，出金取引，入出金を伴わない振替取引のどれかになるように，適宜，取引を分解し擬制しているということである。

伝票の起票時において，このような処理をすることのメリットは，他の取引に比べ圧倒的に多い入金取引および出金取引についての「単純化」であり，それによる管理可能性の増大であろう。毎日のように「繰り返し」発生する入出金取引について特別の伝票を設けることで，管理を容易にし，ひいてはミスを未然に防ぐことにもつながったことは容易に推察される。

ここで「繰り返し」登場するものについては，別に分けて管理をすることで，管理可能性の増大をもたらすという点を，少しの間，憶えておいて欲しい。

(2) データベース正規化理論との類似性

「繰り返しとなる項目については，別に分けて管理する」という文章を目にした時，データベース理論にある程度精通している者にとっては，誰でも「ひょっとすると，あれのことと同じなのでは？」と頭に浮かぶことがある。関係モデルにおけるデータベース正規化理論（database normalization theory）である。

データベースにおける関係モデルは，Edogar F. Coddによってはじめて提唱されたものである（Codd 1970）。関係モデルは，「データベースの構造」「データベースの一貫性」「データ操作言語」という3つの領域から構成されているが（Codd 1982），正規化理論はこのうちデータベースの一貫性の中心をなしている。

正規化理論では，通常，3つのステップを経る。非正規形データから第1正規形（first normal form: 1NF）への変形，続いて第2正規形（second normal form: 2NF）への変形，そして第3正規形（third normal form: 3NF）へと変形していく[1]。

正規化理論のフォーマルな定義は，増永（2003）などのデータベースのテキストを参照していただくとして，ここでは根本（2001）による設例を参考にし

ながら，具体的な正規化のプロセスを見ることにしよう。第3正規形までの正規化の手順は以下のように示すことができる（図表12-1）。

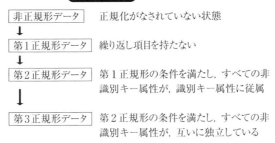

図表12-1　正規化の手順

たとえば正規化がなされていない状態のデータは，以下のような形をしている（図表12-2）。

図表12-2　非正規形データの例

注文一覧表

注文番号	注文日付	顧客番号	顧客名	顧客電話番号	商品番号	商品名	注文数量	単価	品目小計額	注文合計額
990055	20XX年10月1日	001	ABC商事	03-9999-9999	500	テレビ	3	150,000	450,000	1,080,000
					410	ステレオ	5	90,000	450,000	
					680	エアコン	1	180,000	180,000	
990058	20XX年10月2日	003	EE電気	03-1111-1111	310	冷蔵庫	6	85,000	510,000	2,460,000
					500	テレビ	10	150,000	1,500,000	
					410	ステレオ	5	90,000	450,000	

　非正規形データは，視覚的にすぐ判別することができる。Excelのような表計算ソフトのように，縦横にセルが整然と並び，その1つひとつにデータが入っているのではなく，ある行の項目について，ある列だけが複数行にわたってデータが記入されているような状態にあるとき，非正規形であるという。図表12-2でいえば，「商品番号」「商品名」「注文数量」「単価」「品目小計額」の5つの列がそうであり，これらは1つの注文を示す行の中に何度か繰り返して登場するため，「繰り返し項目」（repeating groups）と呼んだりする。このような繰り返し項目を解消すれば，データは第1正規形となる。

　第1正規形に変形するためには，データを分割すればよい。データは一時的に冗長になるが，繰り返し項目を持たない状態となる（図表12-3）。

図表12-3 第1正規形データ

注文一覧表

注文番号	注文日付	顧客番号	顧客名	顧客電話番号	商品番号	商品名	注文数量	単価	品目小計額	注文合計額
990055	20XX年10月1日	001	ABC商事	03-9999-9999	500	テレビ	3	150,000	450,000	1,080,000
990055	20XX年10月1日	001	ABC商事	03-9999-9999	410	ステレオ	5	90,000	450,000	1,080,000
990055	20XX年10月1日	001	ABC商事	03-9999-9999	680	エアコン	1	180,000	180,000	1,080,000
990058	20XX年10月2日	003	EE電気	03-1111-1111	310	冷蔵庫	6	85,000	510,000	2,460,000
990058	20XX年10月2日	003	EE電気	03-1111-1111	500	テレビ	10	150,000	1,500,000	2,460,000
990058	20XX年10月2日	003	EE電気	03-1111-1111	410	ステレオ	5	90,000	450,000	2,460,000

　第1正規形の条件を満たし，すべての非識別キー属性が，識別キー属性に従属している状態のデータを第2正規形といい，さらに第2正規形の条件を満たし，すべての非識別キー属性が，互いに独立している状態のデータを第3正規形という。ここでこれらの説明を正確に理解するためには，識別キーの概念を知らなければならないが，取引を識別するための番号といった程度に理解していればよいだろう。本章は正規化理論を説明するのが目的ではないので，詳しい説明はこの程度にとどめ，第3正規形がどのような形になるか見てみることにしよう（図表12-4）。

　図表12-4を見てわかるのは，最初は1つの表であったものが，複数の表に分割されていることと，それぞれの表についてみると「注文」という表は，日付，顧客，金額といったことのみが記載されており，「商品」という表には商品名と単価といったことが記載されている。つまり，管理しやすい単位に表をそれぞれ分割して，管理を容易にしているということが見て取れる。またこのように表を分割することによって，データの更新，追加，削除などの操作をした時の異常の発生を未然に防ぐことができるのである。

　第1正規形を導き出す際の説明に，「繰り返し項目を持たない」とあったが，前節で述べたように，伝票会計における「繰り返し項目」ということとは若干意味が異なることに注意しなければならない。しかしながら，第1正規化する

図表12-4　第3正規形データ

注文

注文番号	注文日付	顧客番号	注文合計額
990055	20XX年10月1日	001	1,080,000
990058	1999年10月2日	003	2,460,000

商品

商品番号	商品名	単価
500	テレビ	150,000
410	ステレオ	90,000
680	エアコン	180,000
310	冷蔵庫	85,000
500	テレビ	150,000
410	ステレオ	90,000

顧客

顧客番号	顧客名	顧客電話番号
001	ABC商事	03-3333-4456
003	EE電気	03-3333-5511

注文明細

注文番号	商品番号	注文数量	品目小計額
990055	500	3	450,000
990055	410	5	450,000
990055	680	1	180,000
990058	310	6	510,000
990058	500	10	1,500,000
990058	410	5	450,000

にあたっては「繰り返し項目」を解消するために，行が分解されていく点は，伝票会計における「取引の分解」のアプローチに非常によく似ている。さらに第3正規形へと進むにつれ，表がどんどんと分割されている様は，繰り返し発生する取引だけを別の特殊仕訳帳として分割していく様に非常に似ている。少なくとも，混合取引だったものを交換取引と損益取引とに分割したり，入出金取引と振替取引とに分割したりするために，伝票の種類も分かれていく様は，この正規化に非常に似ているといえる。

　厳密な意味において，繰り返し発生する取引については仕訳帳を分割して特殊仕訳帳を設定する理由としては，管理をしやすい単位に分割し，記入ミスを未然に防ぐという視点があり，正規化理論が目指している目的ともよく似ている。

　帳簿の分割は，数学の集合理論を基礎に持つ会計データモデルの理論から見れば，論理的整合性には欠けるが，目指す方向や目的は同じであり，少なくとも手作業での記帳ということを前提とするならば，よくできたシステムではないだろうか。

3　データベースの三層スキーマと帳簿組織

(1)　帳簿組織における二重仕訳問題

　帳簿組織の議論において，帳簿をどのように分割するかという問題は，物理的にも帳簿が分割されることを意味していた。そして物理的に分割された状態で，1つの仕訳を2つの帳簿に記入することで，二重仕訳の問題が発生することになる。
　たとえば現金出納帳と売上帳という特殊仕訳帳を設けている場合に，以下のような現金売上が発生したとする。

　　（借）現　　　金　　　1,000　　（貸）売　　　上　　　1,000

　この場合，現金出納帳と売上帳の両方に同じ仕訳が記帳されることになるので，二重仕訳となってしまう。
　ここで二重仕訳を回避する方法を考えてみたい。たとえば現金売上が二重仕訳をもたらすのであれば，5伝票制における伝票会計の方法を用いるというアプローチをとってみたらどうなるだろうか。つまり上述した仕訳を，以下の2つの取引として擬制して処理をするということである。

　　（借）売　掛　金　　　1,000　　（貸）売　　　上　　　1,000
　　（借）現　　　金　　　1,000　　（貸）売　掛　金　　　1,000

　これによって上の仕訳は売上帳に記帳されるだけとなり，同時に下の仕訳は現金出納帳に記帳されるだけとなる。現金出納帳と売上帳を特殊仕訳帳として用いているような企業の場合，その他に当座預金出納帳，小口現金出納帳，仕入帳，売上帳，受取手形記入帳，支払手形記入帳が存在することが多いが，他の特殊仕訳帳への記帳が発生しないので，二重仕訳を回避できたことになる。
　このようなアプローチによる二重仕訳の回避には，取引の実態が見えなくなってしまうという欠点が存在することになる。これはまた同時に，伝票会計を採用している場合の宿命でもある。当該企業については，帳簿上，現金売上というものが一切存在しないことになり，取引の実態とはかけ離れたものとなっ

てしまう。純額としての売掛金の金額には影響はないものの，借方・貸方のそれぞれの総額は，実際の取引額よりもはるかに大きくなってしまう。

このように，会計処理の効率化や管理可能性を高めようとして補助記入帳を設けると，取引の実態について把握できなくなり，取引の実態を把握しやすくすると二重仕訳の問題が発生し，二重転記の回避を間違えれば正しい決算数値を導くことができず，効率が悪くまた管理ができない状況をもたらすことになる。補助記入帳の設定と作業の効率化や管理可能性はトレードオフの関係にある。

そもそもの問題はどこにあるかというと，物理的に帳簿が分割されているという点である。現金出納帳を設けるのは，現金収支の動きをしっかりと把握し，ミスなく記帳するためであろう。売上帳を設けるのも，売上数値をしっかりと把握するのが目的であって，二重仕訳の混乱を持ち込むことではないはずだ。

しかしながらIT技術の発展により，取引の記帳についてはデータベースを一元化して管理することが可能になっている。この場合の一元化というのは，物理的にデータベースファイルが1つしかないということを意味していない。実際のデータベースは，前節でも示したように正規化され分割されているのが普通である。1つの取引を，別々のファイルに同じ内容を記録していかないという意味での一元化である。

元のデータベースが一元化された状態であっても，普通仕訳帳の他に，現金出納帳や売上帳といった帳簿をそれぞれ設けることは簡単に実現できてしまう。普通仕訳帳，現金出納帳，売上帳はそれぞれ，元のデータベースを「どのように見せるか」（ビューを与えると言ったりもする）という問題に過ぎないからである。このことを理解するには，データベースの三層スキーマについての理解が必要となる。

(2) データベースの三層スキーマ

データベースの三層スキーマとは，米国国家規格協会（ANSI）の標準化計画委員会（SPARC）によるスタディ・グループがまとめた報告書において示されたものである（ANSI/X3/SPARC Study Group on Database Management Systems, 1975; Tsichritzis and Klug, 1978）。正確には，「ANSI/X3/SPARCの三層スキーマ」と呼ばれるものであるが，図表12-5のように示すことができる。

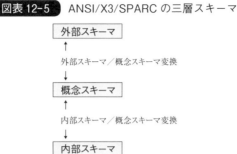

図表12-5　ANSI/X3/SPARC の三層スキーマ

　増永（2003）によれば，概念スキーマは，実世界のデータモデリング[2]の結果得られる実世界の「概念的」モデルであり，モデルの構文的構造や意味的構造をしっかりと記述したものである（p. 155）。データベースは実際にはディスク装置のような記憶サブシステム上の受け皿にファイルとして記録されるが，その受け皿でのデータベースの構文的構造や意味的構造を，内部スキーマという（p. 156）。また，でき上がったデータベースが必ずしも多様なユーザーにとって望ましい構成となっている保証はないため，概念スキーマ上にユーザーの好みや目的に応じたデータベース空間を構築することを考える。これが外部スキーマである（p. 157）。

　元の会計記録は，「概念スキーマレベル」では，前節で示したように，正規化されていくつかのファイルに分割されて収納されることになる。しかしながら二重仕訳のように，同じ記録が2ヵ所別々に記録されるということはない。このデータベースをもとに，現金出納を担当する部署では，現金出納帳というものを「外部スキーマ」レベルで提供し，売上を担当する部署では，売上帳というものを「外部スキーマ」レベルで提供することになる。一見すると別々の帳簿が存在しているように見えるが，概念スキーマレベルでは1つとなっているわけである。

　データベースの基本設計にもよるが，多くの会計情報システムは仕訳帳をベースとしたデータベースで構築されているものと，総勘定元帳をベースとしたデータベースで構築されたものの2つのタイプが存在している。仕訳帳データベースの会計情報システムでは，外部スキーマレベルで「元帳」に相当するビュー（外観）を与えることで，仕訳帳と元帳が存在しているように見えるが，物理的には同じデータベースだったりする。反対に元帳データベースの会計情報システムでは，外部スキーマレベルで「仕訳帳」に相当するビューを与える

ことで,仕訳帳と元帳とが存在しているように見せている。

　このことを理解するならば,会計情報システム上においては,帳簿組織はどのような補助記入帳や補助元帳で構成されていようとも,それに対応するビューを与えるだけで実現できるようなヴァーチャルな存在でしかなく,物理的に分割されているわけではないことが理解できるだろう。このような状況下においては,二重仕訳はもはや存在しないため,二重転記の回避についても考慮しなくてすむのである。

4　XBRL GL による会計帳簿の記述

(1)　仕訳データと監査における ADS

　最後に,実際の会計帳簿はどのようにデータベースとして記述されているかについて,論じることにしたい。会計情報システムの内部でどのような形でデータが格納されているかという問題は,前節の三層スキーマの観点からいえば,「内部スキーマ」レベルのきわめて技術的な話であり,これを議論することは本章の意図するところではない。

　それでは「概念スキーマレベル」ではどうかといえば,再三にわたって言及しているように,正規化がなされた状態であり,理論的に整合性を保ちつつも,実際の会計帳簿の実態とは異なっているのが普通である。しかしながら内部スキーマのレベル,あるいは概念スキーマのレベルでは実際の会計帳簿としての形式を満たしていないものを,われわれはいわゆる帳簿の形でデータをハンドリングできなければ,さまざまな場面で不都合が生じる。

　たとえば内部監査をおこなうにあたって,取引データを閲覧したい場面があるだろう。この時,内部に存在するデータベースをそのまま渡されても,そこから意味あるデータを抽出することは一般にはできない。内部監査人が理解できる形式,すなわち仕訳データや元帳データという形式で抽出する必要があるだろう。そして過去においてはCSV（comma separated values）形式と呼ばれる形式で,会計情報システムからデータを抽出してきたという歴史があった。これは,Excelなどのツールに読み込んで使用しやすいなどの利点があるものの,データの途中にカンマ「,」が入るだけで,項目と値との対応関係が崩れ

てしまい，まったく使い物にならなくなるといった致命的な欠陥も存在していた。このような問題に対処するために，近年 ADS と呼ばれるデータ標準が提唱されるようになっている。

ADS（audit data standards）は，アメリカ公認会計士協会（American Institute of Certified Accountants: 以下 AICPA）が近年標準化を進めている仕訳データや元帳データの仕様である。AICPA の ASEC（Assurance Services Executive Committee）は，2013 年 8 月に ADS に関する 3 つのステートメントを立て続けに公表し（AICPA 2013a, b, c），さらに 2015 年 7 月に改訂版として 4 つのステートメントを公表している（AICPA 2015a, b, c, d）。ADS そのものに関する詳細については，坂上（2015）の説明を見ていただくとして，ここで注目したいのは，そのデータの記述言語として XBRL（eXtensible Business Reporting Language）が用いられていることである[3]。

(2) XBRL の GL の概要

XBRL には大きく 2 つの側面が存在する。会計システムのインプットデータ（仕訳帳や証憑類）および内部データ（総勘定元帳）を表現するためのフレームワークである XBRL GL（global ledger）と，アウトプットデータ（財務諸表）を表現するためのフレームワークである XBRL FR（financial reporting）である。

このうち XBRL GL は，元々は General Ledger の略とされ，文字通り総勘定元帳を記述するためのタクソノミ（taxonomy）であったが[4]，同時に仕訳タクソノミ（journal taxonomy）とも呼ばれていた。元帳を表現するためのタクソノミは，主として仕訳帳を表現するために用いられていたことを示していることになる。もちろんこれは三層スキーマの考え方からも簡単に説明ができるし，数学者アーサー・ケイリーによる複式簿記理論の研究（Cayley 1894）において，ユークリッドの比例理論と絶対的完全性により，仕訳帳と元帳との関係は同型であることが証明されている（井尻 2006; Ellerman 1985）。いずれにしても，どのような帳簿であっても，帳簿のメタデータ（meta data），すなわち構成要素は共通しているということである。

たとえばどのような帳簿であれ，日付，項目名，金額，内訳，小計，合計といった要素を持っていることだろう。XBRL GL において定義されている要素は 400 を超えており，帳簿を表現するための必要な要素がすべて詰め込ま

れているといっても過言ではない。このように，どのような帳簿にも共通する要素をすべて集約して1つのタクソノミに仕上げたものが XBRL GL なのである。そして，XBRL GL で定義された要素を使えば，ありとあらゆる帳簿や証憑類が実現できることになる。それゆえ現在では GL の略は単なる General Ledger（元帳）ではなく，万能帳簿を意味する Global Ledger の略とされている。

(3) XBRL GL による帳簿組織の記述

　帳簿組織をどのように構成するかは各企業によって異なるものの，一般的なテキストなどで示されているのは，補助記入帳としては現金出納帳，当座預金出納帳，小口現金出納帳，仕入帳，売上帳，受取手形記入帳，支払手形記入帳であり，補助元帳としては，商品有高帳，売掛金元帳，買掛金元帳であろう。これらの帳簿を XBRL GL で表現できるか否かという問いについては，これまでの説明からすでに自明ではあるが，すべての帳簿を何の問題もなく表現することができる。帳簿を表現するための言語として，XBRL GL は完璧な仕様となっている。

　それでは帳簿組織間の連携をどのように取ったらよいかという問題については，どうであろうか。実は項目間の連携を取るという動作をもたらすのは，XBRL GL というわけではない。XBRL GL はあくまでも仕訳帳や元帳を表現するためのデータフォーマットに過ぎず，それらのデータを結びつけるのは，会計情報システム側の問題だからである。

　しかしながら XBRL GL のモジュールとしてある SRCD という仕組みは，ある意味，項目間の連携をとるための標準的な方法を提示しているという意味で，言及しておく必要があるだろう[5]。たとえば売掛金について人名勘定を用いて管理している場合，普段の仕訳は人名勘定を用いて行うことになるが，財務諸表上の項目としては統制勘定である「売掛金」勘定に集約されることになるはずだ。この時，各人名勘定と統制勘定たる売掛金勘定とを結びつけるための情報を格納する仕組みが SRCD (Summary Reporting Contextual Data) である（図表 12-6）。

　SRCD は，基本的には仕訳・元帳レベルのデータと，財務諸表の開示項目との間の連携をもたせるために開発されたモジュールであるが，項目間の連携をとるための情報をどのように格納したらよいかという問題について，標準化さ

図表12-6 SRCDによるGLとFRとの対応関係の記述

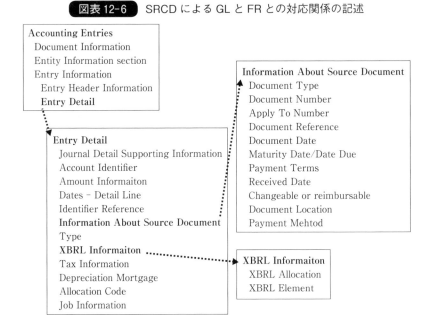

れたモジュールを提供するというアプローチには大きな可能性を感じることだろう。このSRCDのアプローチを敷衍すれば，補助簿と主要簿との連携を表現することができるかもしれない。

しかしながら，帳簿組織全体の連携を記述するためのモジュールは必要ないのかもしれない。なぜならば，三層スキーマの説明でわかるように，ネットワーク環境下における現在の情報システムにおいて，補助記入帳や補助元帳を物理的に分割することには意味はなく，もしそのような補助簿を利用したい（閲覧したい）ということであっても，必要となる補助簿のビューを与えさえすればすむからである。

5 おわりに

本章は，ITが進展した現代において，帳簿組織の意義について技術的な観点から考察を行った。伝統的な複式簿記の世界では，手書きによる記入という

ことが前提となっているため，さまざまな問題が生じることになる。その典型は，二重仕訳の発生であろう。

ITの進展により，最も恩恵を受けたといえるのが，物理的な制約からの解放であろう。とりわけ場所的な制約については，ほぼ解消しているといえる。ネットワーク環境下において，離れた部署間で同じデータベースにアクセスをし，同じデータベースにデータを追加したり，更新をしたり，削除したりすることが可能となっている。そのため，会計データを記入するためのデータベースを更新する部署ごとに分割するということには意味はない。したがって帳簿組織の議論で想定されているような補助簿の設定それ自体に意味がないことになる。

補助簿を設けることとはまったく次元が異なる問題として，実際の会計情報システムで用いるデータベースは分割して管理されている。これはデータベース理論の中心をなす関係モデルのデータベース正規化理論に基づき，データの更新異常を回避するために，数学的な厳密な理論を背景として，データベースの分割がなされる。帳簿を分割する理由や目的と，正規化理論によってデータベースを分割する理由や目的については，その基本的な発想レベルにおいて類似点を見出すことができる。その意味において，帳簿組織の考えにはある種の普遍性を感じることができる。

元のデータは一元的に管理されているが，それをさまざまな形式で利用できるということについては，ANSI/X3/SPARCの三層スキーマの考え方を理解する必要がある。この考え方からすれば，帳簿組織における仕訳帳と総勘定元帳との関係は，データの眺め方（ビュー）をどのように与えるかの違いに過ぎないことが理解できる。

さらにはXBRL GLのような技術を使えば，どのような帳簿であっても表現することが可能である。問題は，XBRL GLによって表現されたさまざまな帳簿をどのように結びつけるかということだけである。この問題についてヒントを与えてくれるのがSRCDというXBRL GLのモジュールである。SRCD自体は，仕訳データと財務諸表データを結びつけるための仕組みであるが，このアプローチを敷衍すれば，おそらく帳簿間の連携をはかるためにも利用できるはずだ。

とはいえ，三層スキーマの考え方からすれば，そもそも各補助簿は見せ方の

違いによって複数存在しているように見えているだけで，元々のデータベースは1つであるから（もちろん正規化されているため物理的には複数のファイルから構成されているはずであるが），その意味において，帳簿組織の理論は現代的には，データをどのように管理し，見せるかを規定しているある種の思考様式に過ぎないのかもしれない。

● 注

1 関係モデルのデータベース正規化理論では，第3正規形から，さらにボイス＝コッド正規形（Boyce-Codd normal form：BCNF）を経て，第4正規形（fourth normal form：4NF），第5正規形（fifth normal form：5NF）まで存在するが，第5正規形ですべての可能性をカバーするとされているので，第6正規形という概念は存在しない（増永 2003, 117）。
2 データモデリングは，「データそのものの構造がどのようなものであるかを探る行為であり，大まかな概念モデルから物理モデルに至るまでさまざまな場面で用いられるもの」（Ambler 2004）と定義され，具体的には実世界を何らかの記号系によって概念モデルとして記述し，さらに別の記号系によって論理モデルへと変換するプロセスをいう（増永 2003, 8）。
3 XBRL について詳述することは紙幅の関係でできないので，たとえば坂上（2011）や坂上（2016）を参照するなどして欲しい。本章での以後の記述は，ある程度 XBRL についての知識を有しているとの前提で書かれている。
4 XBRL GL はしばしば「仕様」と誤解されることがあるが，XBRL の仕様は世界共通のものが1つ存在するだけである。その仕様に基づいてタクソノミが作成されることになるが，仕訳や元帳を表現するためのタクソノミ・フレームワークが XBRL GL であり，現在のところ世界共通のものが1つ存在するだけである。これに対し，財務諸表を表現するための XBRL FR は，各国の会計基準ごとに作成され，たとえば US GAAP，IFRS，JP GAAP（EDINET）などのタクソノミが存在している。
5 SRCD モジュールの動作については，たとえば坂上（2016）による説明を参照されたい。

● 参考文献

American Institute of Public Accountants (AICPA) (2013a) Assurance Services Executive Committee (ASEC), Emerging Assurance Technologies Task Force, *Audi Data Standards. Base.August2013* (*Base Standard*)，AICPA.
(http://www.aicpa.org/InterestAreas/FRC/AssuranceAdvisoryServices/Downloadable Documents/AuditDataStandards%20Base%20August2013.pdf).
――――(2013b) Assurance Services Executive Committee (ASEC), Emerging Assurance Technologies Task Force, *AuditDataStandards.GL.August2013* (*General Ledger Standard*), AICPA.
(http://www.aicpa.org/InterestAreas/FRC/AssuranceAdvisoryServices/Downloadable Documents/AuditDataStandards%20GL%20August2013.pdf).
――――(2013c) Assurance Services Executive Committee (ASEC), Emerging Assurance Technologies Task Force, *AuditDataStandards.AR.August2013* (*Accounts Receivable Subledger Standard*), AICPA.

〈http://www.aicpa.org/InterestAreas/FRC/AssuranceAdvisoryServices/Downloadable Documents/AuditDataStandards%20AR%20August2013.pdf〉.
―――― (2015a) Assurance Services Executive Committee (ASEC), Emerging Assurance Technologies Task Force, *Audi Data Standards.Base..July2015* (*Base Standard*), AICPA.
〈http://www.aicpa.org/InterestAreas/FRC/AssuranceAdvisoryServices/Downloadable Documents/AuditDataStandards/AuditDataStandards.BASE.July2015.pdf〉.
―――― (2015b) Assurance Services Executive Committee (ASEC), Emerging Assurance Technologies Task Force, *AuditDataStandards.GL.July2015* (*General Ledger Standard*), AICPA.
〈http://www.aicpa.org/InterestAreas/FRC/AssuranceAdvisoryServices/Downloadable Documents/AuditDataStandards/AuditDataStandards.GL.July2015.pdf〉.
―――― (2015c) Assurance Services Executive Committee (ASEC), Emerging Assurance Technologies Task Force, *AuditDataStandards.O2C.July2015* (*Order to Cash Subledger Standard*), AICPA.
〈http://www.aicpa.org/InterestAreas/FRC/AssuranceAdvisoryServices/Downloadable Documents/AuditDataStandards/AuditDataStandards. O2C. July2015.pdf〉.
―――― (2015d) Assurance Services Executive Committee (ASEC), Emerging Assurance Technologies Task Force, *AuditDataStandards.P2P.July2015* (*Procure to Pay Subledger Standard*), AICPA.
〈http://www.aicpa.org/InterestAreas/FRC/AssuranceAdvisoryServices/Downloadable Documents/AuditDataStandards/AuditDataStandards.P2P.July2015.pdf〉.
Ambler, S. W. (2004) *The Object Primer: Agile Model-Driven Development with UML 2.0*, Cambridge University Press. (越智典子 (訳) オージス総研 (監訳), 『オブジェクト開発の神髄― UML 2.0 を使ったアジャイルモデル駆動開発のすべて』日経 BP 出版センター, 2005)
ANSI/X3/SPARC Study Group on Database Management Systems (1975) "Interim Report: ANSI/X3/SPARC Study Group on Data Base Management Systems 75-02-08," *FDT - Bulletin of ACM SIGMOD*, 7 (2): 1-140.
Cayley, A. (1894) *The Principles of Book-keeping by Double Entry*, Cambridge University Press.
Codd, E.F. (1970) "A Relational Model of Data for Large Shared Data Banks,". *Communications of the ACM*, 13 (6): 377-387.
―――― (1982) "Relational Database: a Practical Foundation for Productivity," *Communications of the ACM*, 25 (2): 109-117.
Ellerman, D. (1985) "The Mathematics of Double Entry Bookkeeping," *Mathematics Magazine*, 50 (4): 226-233.
Tsichritzis, D.C. and Klug, A (1978) "The ANSI/X3/SPARC DBMS Framework Report of the Study Group Database Management Systems," *Information Systems*, 3(3): 173-191.
井尻雄士 (2006)「アーサー・ケイリーと複式簿記の絶対的完全性について」『東京経大学会誌 (経営学)』第 250 号, 33-37 頁.
坂上学 (2011)『新版 会計人のための XBRL 入門』同文舘出版.
―――― (2015)『監査データ標準 (ADS) をめぐる動向について ―XBRL GL 技術の監査への応用―』『会計・監査ジャーナル』第 716 号, 117-124 頁.
―――― (2016)『事象アプローチによる会計ディスクロージャーの拡張』中央経済社.
根本和史 (2001)『データモデリング基礎講座―データベース設計を楽しもう！』翔泳社.
増永良文 (2003)『リレーショナルデータベース入門―データモデル・SQL・管理システム〔新訂版〕』サイエンス社.

(坂上　学)

第13章 クラウド会計システムの現状と課題

1 はじめに

　本章では，帳簿組織について，近年進展したクラウド会計システムが会計や帳簿に与える影響について論ずることとする。

　経済社会のICT化が急速に進展する中，会計分野においてもICTを積極的に活用し，社会全体のコストの削減や企業の生産性向上を図ることが重要となっている。

　平成30年度税制改正では，電子申告・納税等の義務化，法定調書や所得税の年末調整手続，地方税の電子納税，所得税の青色申告特別控除の要件の見直し（電子帳簿保存法の適用事業者への恩恵），適格簡易請求書（レシート）の電子化など，電子化に関して大幅に推進の方向への改正が行われた。今後，これらの流れはさらに強まり，効率的な電子政府への取組みの中で会計税務においても電子データのやり取りが当たり前の時代になりつつあり，電子申告，電子帳簿，電子データ保存に向かって進んでいくものと思われる。

　これらの電子化の動きは従来から電子化が進展していた大企業より，IT化が出遅れていた中小企業に対し大きな影響をもたらすことが予想される。

2 クラウド会計システムの現状

(1) 会計業務における電子化の進展

　現在中小企業における会計分野においては，クラウド会計システムの導入が急速に進展している。

　クラウド会計システムとは，会計ソフトのうち，クラウドコンピューティングの技術が導入されたもののことである。WEB ブラウザ等で表示され SaaS（Software as a Service）として提供するクラウドサービスが対象となる。

　2013 年ごろからクラウド会計システムベンダーが出現し，ここ数年で急速に利用が増えている。特に新規創業者等においては半数の事業者がクラウド会計システムを利用しているなど急速に浸透しているとの調査結果もある（株式会社 MM 総研 2017；株式会社 MM 総研 2018）。

　特徴としては価格の廉価性，WEB 上で完結するためにソフトウェアのバージョン管理や会計制度の変更に伴うシステム変更などが不要であり，専門知識がなくても利用できることがメリットとして挙げられる。そのためバックヤードについて投資余力がない創業ベンチャーなどは，クラウド会計システムの利用が増加するのであろうと推測される。

(2) クラウド会計における FinTech 機能

　クラウド会計が普及したもう 1 つの大きな要因として，取引の仕訳の簡便性が挙げられる。特に銀行口座，クレジットカード，電子マネーなどの取引明細は API（Application Programming Interface）連携により各金融機関等から取得し，明細情報を仕訳として取り込むことが可能となっている。AI を活用することで，過去情報を参照しほとんどの仕訳がほぼ自動で作成されることから，仕訳作業についてはかなりの省力化が図られている。また一部のクラウド会計事業者については，仕訳のデータベースや取引先等から仕訳を類推する機能もあるため，専門知識がなくても手間をかけず仕訳を作成できるという点が大きく支持されているのであろう。

　特にベンチャー企業においては，預金・クレジットカード・電子マネーの

取引で取引のうち80％程度を占めることも多くあり，FinTech機能の活用のみで80％程度の仕訳が自動化されるということは大きなメリットになるため，急激に利用が増加しているものと考えられる。

将来はAPI連携がさらに進むとともにAI，RPA（Robotic Process Automation），ブロックチェーン等周辺業務がさらに連携されていくと思われる。また，RPAにより仕訳の取り込みや資料作成など多くの会計業務は自動化されていくと思われ，単純な作業の多くは効率化省力化されていくことになる。

現状でも，FinTech機能の活用や各種データのCSV読み込みを活用し仕訳の手入力割合が2～3％程度になっている企業はかなり増加している。下記の証憑の自動読み取り等の進展により，近い将来仕訳手入力ゼロの時代がすぐ到来するものと考えられる。

(3) 証憑の読み取り・自動仕訳

クレジットカード・電子マネー以外の現金取引について，日本ではまだ一定量の取引がみられる。特に地方都市などでは電子マネーの進展がまだ進んでおらず，現金取引の仕訳が問題となる。これらについては，現状手入力での仕訳入力が必要となり，効率が悪い業務になっている。一方，領収書をスキャンして送ると電子データに変換するクラウドサービスも提供が始まっているため，近い将来には，領収書の受領→スキャン→電子データ作成→データとして仕訳読み込み，というような流れが主流になるであろう。

また後述するように，消費税率10％の増税にあたり電子インボイス・電子レシートが法制化される。平成35年10月に導入が予定されている電子インボイス・電子レシートにより，証憑も電子データで受け取ることがデフォルトになり，そのまま仕訳として計上されることになると考えられる。

(4) 請求書等の仕訳入力

請求書についても現状では，紙媒体でのやり取りが主になっている。

これらについても現金取引同様，現状手入力での仕訳入力が必要となり，効率が悪い業務になっている。一方請求書をスキャンして送ると電子データに変換するクラウドサービスも提供が始まっているため，証憑と同様の流れが主流になるであろう。

また，請求書を電子発行するプラットホームなども整備されつつあり，現状一部の事業者で提供が始まっている。現在は利用料が高価なためまだ中小企業レベルには浸透していないものの，今後利用者数の増加に伴い利用価格の減少が想定されるため，将来中小企業においても電子請求書がメインになる可能性が高い。また，消費税率10%の増税にあたり，平成35年10月に電子インボイスの導入が予定されているため電子化の動きはその点においても大きく進展することになるものと思われる。

3　クラウド会計システムを取り巻く環境変化

(1)　会計経理を取り巻く環境変化

今後の会計・経理を取り巻く環境は，下記のようなことが進展すると考えられる（図表13-1参照）。

・ビッグデータの収集とその解析
・AIの進展による，監査手法等の変化
・Fintechの進展による，仕訳の自動計上
・マイナンバーの付番による，取引先のデータ化の進展
・消費税改正による電子インボイスの進展
・消費税改正による登録事業者番号の付番
・デジタルレシート・電子契約書・クレジットカード利用控の電子交付
・仮想通貨への対応
・収益認識基準への対応（法人税・消費税）

つまり，データの電子化が法律の制度改正等を含め急激に進展する，それら電子化により仕訳データ・会計データの作成が大幅に効率化されるということが想定される。

つまり，仕訳や会計データは，一定のレベルのものであれば誰でもいつでも作成可能になるということが考えられる。

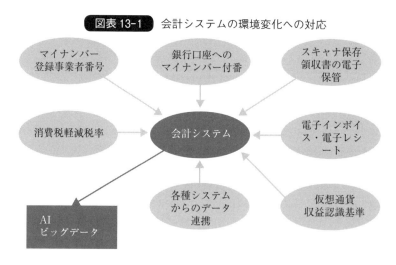

図表13-1 会計システムの環境変化への対応

出所：筆者作成

(2) 税法におけるスキャナ保存制度の緩和

電子帳簿保存法は，正式名称を「電子計算機を使用して作成する国税関係帳簿書類の保存方法等の特例に関する法律」という。中野・妙中・畑中（2018），畑中（2018）によると，国税関係処理については原則文書で保存することが必要となっているが，特例として電子記録やスキャナデータ等の保存も認めるとする"特例"という位置づけになっており，一貫して電子データで保存する国税関係帳簿書類の電磁的記録，電子計算機出力マイクロフィルム（COM：Computer Output microfilm）保存と，紙を電子データにして保存するスキャナ保存の2点が主な内容となっている。制度改正の背景とその後の改正は以下のとおりである（図表13-2参照）。

平成10年度税制改正で，適正公平な課税を確保しつつ納税者等の帳簿保存に係る負担軽減を図る等の観点から，電子帳簿保存法が創設され電子データ等により保存することが認められることになった。一方で，コンピュータ処理は，痕跡を残さず記録の遡及訂正をすることが容易であるなどの特性を有することから，適正公平な課税の確保に必要な条件整備を行うことが不可欠となり，順次，次のように整備された。

まず，平成16年に，民間における文書・帳票の電子的な保存を原則として

図表13-2 電子帳簿等とスキャナ保存

○ 「電子帳簿等保存制度」「スキャナ保存制度」は、納税者の文書保存に係る負担軽減を図る観点から、帳簿や国税関係書類の電磁的記録等による保存を可能とする制度。ただし、改ざんなど課税上問題となる行為を防止する観点から、保存方法等について、真実性・可視性の確保に係る一定の要件を設けている。

・電子帳簿等保存制度
　帳簿（仕訳帳等）及び国税関係書類（決算関係書類等）のうち、自己が最初の記録段階から一貫して電子計算機を使用して作成しているものについては、税務署長の承認を受ければ、一定の要件の下で、電磁的記録等による保存等が可能（平成10年度税制改正で創設）。

・スキャナ保存制度
　決算関係書類を除く国税関係書類（取引の相手方から受領した領収書・請求書等）については、税務署長の承認を受ければ、一定の要件の下で、スキャナにより記録された電磁的記録の保存により、当該書類の保存に代えることが可能（平成17年度税制改正で創設）。

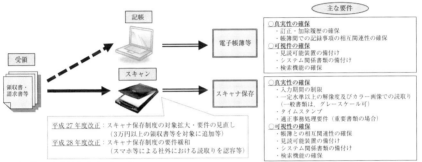

出所：内閣府税制調査会（2017）

容認する統一的な法律の制定を行う「e-Japan 重点計画─2004」（平成16年6月15日IT戦略本部決定）が制定され、同年12月1日に「e-文書通則法」「e-文書整備法」が公布された。

平成17年度の電子帳簿保存法の改正では、適正公平な課税を確保するため、特に重要な文書である決算関係書類や帳簿、一部の契約書・領収書を除き、原則的にすべての書類を対象に、真実性・可視性を確保できる要件の下で、スキャナを利用して作成された電磁的記録による保存が可能となった。

しかし、制度要件が厳しく一向に普及しないことにより（図表13-3参照）、「規制改革実施計画（平成26年6月24日閣議決定）」において要件緩和の指摘がなされ、平成27年度改正で制度創設以来、初めての要件緩和がなされることになった。平成27年度税制改正では、スキャナ保存の対象となる国税関係書類の範囲の拡充、スキャナ保存の要件緩和、適時入力方式に係る要件が緩和され、この改正により、企業が取り扱う会計書類については契約書・領収書・請求書等についてはすべてが対象となった。ただし、決算関係書類は書面・電子帳簿・マイクロフィルムが対象でスキャナ保存は認められていない。

また、同時に業務処理後に保存を行う場合の要件の見直し、電子署名が不要

図表13-3　電子帳簿等保存制度の利用状況

○　電子帳簿等保存制度の利用件数は堅調に増加しているが，伸びしろは依然大きい。
○　電子帳簿等保存制度の創設から約20年が経過し，経済社会のICT環境が大きく変化する中，引き続き適正・公平な課税を確保しつつ，社会におけるデータ活用及び納税者の文書保存に係る負担軽減を図る観点から，制度の利用促進のための方策について検討を行うことが考えられるのではないか。

出所：内閣府税制調査会（2017）

となりタイムスタンプ方式でも可能になるなどさまざまな緩和が行われ，税制面でも証憑の電子保管は大幅に使いやすくなったといえる。

平成30年度税制改正では，個人所得税の青色申告控除の増額要件として「電子申告または電子帳簿保存」が規定され，税法の中で初めて電子帳簿保存法による特典条項が創設された。この方向性は個人所得税だけでなく必然的に法人税法にも早晩影響を及ぼし，税法全体において帳簿が紙から電子帳簿に移行する方向であると考えられる。

(3)　電子化による属人化防止と業務分散化

従来の経理事務作業では，受領した書類をファイリングし，その上で伝票を起票し，スタンドアロン型の会計システムもしくは手書きの帳簿に会計データが入力されていた。つまり，経理室の内部において完結しており，外部からは見られない密室型の会計処理が行われていたといえよう。その場合，業務の見える化ができず，実際にその現場にいないと処理もデータの閲覧もできないということが起こり，属人化がかなり起こりやすい環境にあった。また，その場

所にいることが前提であり，小規模企業であっても業務の分散化もできず経理担当者が必要な状況であった。

　クラウド型会計システムの導入および電子証憑，もしくはスキャナ保存の活用により，経理記帳作業は時間と場所の制約から解放され，インターネットに接続されていれば時間と場所に制約されず，作業可能な環境になったといえる。今後人材不足の中でのテレワークの実施も増えると考えられる，その阻害要因がクラウド会計の場合にはなくなり，テレワークの実現が可能になる。また，テレワークの実現により，子育て層や遠隔地など人材の募集の幅が広がるとともに，専属の経理が不要になり，かつ属人化した業務が分散化されていくというメリットが享受できる。

⑷　電子インボイス・電子レシートの法制化

　消費税率10％の増税に伴い，平成35年10月から導入される電子インボイス・電子レシートが法制化された。特に導入が予定されている軽減税率制度においては，証憑・取引において消費税率10％のものと8％のものが混在化することになる。スーパーで物品を購入した場合，食料品や飲料にあたるものは8％の軽減税率となり，アルコールや紙コップ，箸など雑貨等は10％となるなど税率が混在する。また，インボイス制度における消費税額は，現行の割り戻し計算ではなく原則として税率の積み上げ計算が要求されるため，手作業でこれらの作業を実施した場合，消費税額実額の入力などかなりの手間がかかることになる。現実的にはこれら入力作業を手作業で行うことは一定量以上の取引の場合不可能であろう。

　また，それらの入力作業を経費精算システム等で営業担当者などに行わせることは，そもそも複雑な経理作業の上に，軽減税率制度を理解することが必要となりかなりの困難が予想され，もし実施したとしても相当数のミスが発生することとなる。

　そこで今後，電子インボイス・電子レシートをある程度法制化しフォーマットを統一化したうえ電子データ上でやり取りし，そのまま電子証憑として保管，仕訳も自動計上という流れにならざるをえないものと考えられる。つまり，領収書の電子保管・データの自動取り込み・仕訳の自動計上といった動きとなり，「証憑と帳簿の紐付の自動化」が進展することになる。

4 クラウド会計システムにおける課題

　クラウド会計システムには，専門知識がなくても利用可能で，かつ廉価であるというメリットがある。また，ビッグデータを活用しているため一定以上の精度の記帳・会計データの作成ができることとなっている。

　しかし一方で，そのデータのクオリティーについては専門的知識がないままでの利用となるため，エラー値が出たときの検証や修正が不十分となる可能性が高い。誤ったデータを提供することで，外部の利害関係者である株主や金融機関に対し，誤った報告をすることになり，場合によっては損害賠償等の問題が発生する可能性もある。また，誤った会計データをもとに経営判断をすると，経営判断自体も誤ることになりかねないので，監査・保証という問題も慎重に検討する必要がある。

　2016年3月に日本公認会計士協会からIT委員会研究報告第48号『ITを利用した監査の展望～未来の監査へのアプローチ～』が公表されている。

　その中で「一定範囲の会計記録がペーパーレスという環境は，かなり拡大」し，「監査人は，電子的監査証拠を積極的に活用することで，効率的により強い監査証拠を入手することができる」とされ，その場合電子データに対しCAAT（Computer-assisted audit techniques）を利用することで，監査人は，書面の監査証拠に対し手作業で行う監査に比べて「監査対象範囲の拡大」，「より短時間で効率的な監査」を実施することが可能となり，結果として監査の質を高めることができる。さらに，従来の伝統的な監査からCAATと進み，さらにCA（Continuous Auditing）が可能となりいわばリアルタイムでの監査とその結果としての保証が可能となる。従来は不可能であったリアルタイムでの情報収集，AIやベンフォードの法則を使ったデータ分析，イレギュラー値の抽出などが可能となる。会計の電子化により，一方で会計データの改ざんが容易になることから，それに対応した監査も重要性を増すこととなる。そのためリアルタイム監査やブロックチェーン技術を活用した修正訂正加除履歴の抽出や検証など，会計データの保証業務についても十二分に配慮することが必要である。

　近年，決算書の改ざんや粉飾決算が問題となる事件が多発しているが，会計の電子化によりデータの改ざんが容易になることから，今後はAIを利用した

監査，リアルタイム監査，銀行への適時適切なモニタリング・報告なども重要性を増している。また，情報の比較可能性としては中小企業会計要領等の活用，税務保証業務としては書面添付制度，改ざん履歴の残る電子帳簿保存の活用など会計税務両面での保証業務が重要となる。

　また，平成32年に改正民法が施行される予定である。改正後の民法には「主たる債務者が前項各号に掲げる事項に関して情報を提供せず，又は事実と異なる情報を提供したために委託を受けた者がその事項について誤認をし，それによって保証契約の申込み又はその承諾の意思表示をした場合において，主たる債務者がその事項に関して情報を提供せず又は事実と異なる情報を提供したことを債権者が知り又は知ることができたときは，保証人は，保証契約を取り消すことができる。」とされている。つまり粉飾等が行われている決算書等を信じて保証人になった場合で一定の場合には保証を取り消すことができるのである。決算書の信頼性は保証人の履行義務にもかかわることからより一層重要性を増すとともに，裏を返すとその責任がさらに重くなる。

5　クラウド時代における会計情報の役割

　手作業を前提にした場合，セグメントデータや部門別のデータなど詳細なデータを作成することは，人件費の増加につながることから，中小企業ではあまり作成されてこなかったが，AIやFinTech，RPAなどの進展により，手間をかけず作成が可能となるため，セグメント分析などの詳細な財務分析が中小企業でも新たなニーズとして生まれる可能性が高い。現状セグメント分析を行っている中小企業は多くないが，セグメントデータの作成やそれをもとにした財務分析業務などが経理の新たな業務領域として拡大可能だと考えられる。つまり経理の役割はデータの作成からデータの分析，決算書の作成から経営管理資料の作成に大きく軸足が移ることになる。同時にそれらのITツールの導入や会計システムの設計や導入支援といったシステムコンサルティング業務についても新たな業務領域として発生する。

　また，電子インボイスをそのまま取り込み領収書の電子保管・仕訳の自動計上というように，証憑と帳簿が紐付けされ仕訳の自動化が起こることで精度の高いデータを月次・日次で作ることが可能となる。また，ビッグデータの作成

図表 13-4 職業別の従業者数の変化（伸び率）

※ 2015年度と2030年度の比較

職業	変革シナリオにおける姿	職業別放置 現状放置	職業別従業者数 変革	職業別従業者数（年率）現状放置	変革（年率）
①上流工程 （経営戦略策定担当，研究開発者，等）	経営・商品企画，マーケティング，R&D 等，新たなビジネスを担う中核人材が<u>増加</u>。	−136万人	+96万人	−2.2%	+1.2%
②製造・調達 （製造ラインの工員，企業の調達管理部門，等）	AIやロボットによる代替が進み，<u>変革の成否を問わず減少</u>。	−262万人	−297万人	−1.2%	−1.4%
③営業販売（高代替確率） （カスタマイズされた高額な保険商品の営業担当，等）	高度なコンサルティング機能が競争力の源泉となる商品・サービス等の営業販売に係る仕事が<u>増加</u>。	−62万人	+114万人	−1.2%	+1.7%
④営業販売（低代替確率） （低額・定型の保険商品の販売，スーパーのレジ係，等）	AI，ビッグデータによる効率化・自動化が進み，<u>変革の成否を問わず減少</u>。	−62万人	−68万人	−1.3%	−1.4%
⑤サービス（低代替確率） （高級レストランの接客係，きめ細やかな介護，等）	人が直接対応することが質・価値の向上につながる高付加価値なサービスに係る仕事が<u>増加</u>。	−6万人	+179万人	−0.1%	+1.8%
⑥サービス（高代替確率） （大衆飲食店の店員，コールセンター，等）	AI・ロボットによる効率化・自動化が進み，変革シナリオでは雇用の受け皿になり，微減。※現状放置シナリオでは<u>減少</u>。	+23万人	−51万人	+0.1%	−0.3%
⑦IT業務 （製造業におけるIoTビジネスの開発者，ITセキュリティ担当者，等）	製造業のIoT化やセキュリティ強化など，産業全般でIT化業務への需要が高まり，従業者が<u>増加</u>。	−3万人	+45万人	−0.2%	−2.1%
⑧バックオフィス （経理，給与管理等の人事部門，データ入力係，等）	AIやグローバルアウトソースによる代替が進み，<u>変革の成否を問わず減少</u>。	−145万人	−143万人	−0.8%	−0.8%
⑨その他 （建設作業員，等）	AI・ロボットによる効率化・自動化が進み，<u>減少</u>。	−82万人	−37万人	−1.1%	−0.5%
合　計		−735万人	−161万人	−0.8%	−0.2%

出所：経済産業省（2016）

も容易となるためセグメントやグループ管理も日次で可能となり，より早いタイミングでそれらの分析を通じ，経営管理の精度もより高くなる。提供スピードも上がるため早期に経営改善の打ち手を打つことが可能となる。実際に中小企業でもIT技術を活用することにより，月次経営管理レポートを月次決算後5時間程度で部門長へ配信している企業もすでに存在している。

　ところで，経済産業省（2016）によれば，「経理，給与係などのバックオフィスの職業は，AI・ビッグデータ・IoT・ロボットによる代替が進み，減少する。」とされており，逆に代替されないものとしては「経営戦略策定や研究開発者といった上流工程，高度なコンサルティング機能が競争力の源泉となる商品・サービス等」「高級レストランの接客のような人が直接対応することが質・価値の向上につながる高付加価値な低代替確率のサービス」が挙げられている（図表13-4参照）。

　会計関連業務でいうと，会計データ帳簿の記帳といった単純な作業はAI・ビッグデータ・IoT・ロボットによる代替が進み，減少する。一方で監査に要する作業時間が短縮され，顧問先の経理も入力や経営資料の作成時間が短縮することによって，経営分析や管理に集中できる体制ができる。そこで財務データ・セグメントデータの分析やコンサルティング，経営助言やモニタリングといった新たな業務領域への取組みが促進されることが期待される。

● 参考文献

株式会社MM総研（2017）「クラウド会計ソフトの法人導入実態調査」。
https://www.m2ri.jp/news/detail.html?id=260（2018年10月参照）
―――――（2018）「クラウド会計ソフトの利用状況調査（2018年3月末）」。
https://www.m2ri.jp/news/detail.html?id=299（2018年10月参照）
経済産業省（2016）「新産業構造ビジョン〜第4次産業革命をリードする日本の戦略〜」。
http://www.meti.go.jp/committee/sankoushin/shin_sangyoukouzou/pdf/008_05_01.pdf
　（2018年3月参照）
内閣府税制調査会（2017）「税務手続の電子化等について（説明資料4/4）」。
http://www.cao.go.jp/zei-cho/gijiroku/zeicho/2017/29zen12kai5.pdf（2018年10月参照）
中野伸也・妙中茂樹・畑中孝介（2018）『電子申告義務化への実務対応』TKC出版。
畑中孝介（2018）「税務分野における電子化の今後の動向」『週刊税務通信』第3525号（2018年10月1日）。

（畑中孝介）

索　引

英数

ADS（audit data standards） ·············· 186
API（Application Programming
　　Interface） ·· 193
CAAT（Computer-assisted audit
　　techniques） ····································· 200
CA（Continuous Auditing） ············· 200
COM 保存 ·· 196
FinTech ·· 194
RPA（Robotic Process Automation） ······ 194
SaaS（Software as a Service） ········· 193
SRCD ·· 187
XBRL（eXtensible Business Reporting
　　Language） ······································ 176
XBRL FR（financial reporting） ········· 186
XBRL GL（global ledger） ····················· 186

あ

一時勘定 ·· 69
一般元帳勘定 ··· 51
受入手形有高帳 ······································ 163
受取手形有高帳 ······································ 159
売掛金元帳 ·· 142
売帳 ·· 15
永久勘定 ·· 69
英米式 ·· 37, 72

か

買掛金元帳 ·· 142
借入金台帳 ·· 137
管理簿記 ·· 137
関連勘定 ·· 111
期日毎受入手形管理帳 ························· 163
期日毎決済手形管理帳 ························· 165
金銀出入帳 ··· 10
均整勘定 ··· 49

クラウド会計システム ························· 192
繰越試算表 ··· 61
決済手形有高帳 ······································ 165
現金出納帳 ··· 85
検収基準 ·· 145
合計転記 ·· 36
小帳 ·· 9
コンテンプラン ·· 96

さ

財産目録 ··· 94
財表簿記 ·· 137
三層スキーマ ·· 183
三帳簿制 ··· 4, 123
仕入先元帳 ······································ 49, 142
仕入先元帳合計試算表 ··························· 52
出荷記入帳 ·· 148
主要簿 ··· 35, 47
照合勘定 ·· 49
商品有高帳 ······································ 74, 146
仕訳帳 ··· 93
スキャナ保存 ·· 196
正規化理論 ·· 178
精算勘定 ·· 38
精算表 ·· 29, 98
清書帳 ··· 22
整理勘定 ·· 49
惣勘定 ··· 10
総勘定元帳 ·· 128
総合化システム ····································· 106
総合仕訳帳制 ·· 107

た

大帳 ·· 9
第二平均之改 ·· 29
大陸式 ··· 37
タクソノミ（taxonomy） ······················ 186

多欄式仕訳帳・多桁仕訳帳	36, 47
単一仕訳帳制	36
単式簿記	81
帳簿	35
帳簿組織	35
直接仕訳法	86
直接整理法	86
手形帳	15
手形割引記入帳	172
手間帳	15
電子インボイス	199
電子帳簿保存法	196
電子レシート	199
当座勘定出納帳	137
統制勘定・統括勘定	38, 49, 142
得意先元帳	49, 142
得意先元帳合計試算表	52
独自平均元帳	49
特殊仕訳帳	36, 48
特殊仕訳帳制	107
特殊元帳	38, 55

な

二重仕訳	38, 182
二重転記	38
二帳簿制	4, 124
日記帳	9

日記帳簿記	137

は

発送基準	145
備品台帳	137
標準コンテンラーメン	96
複数仕訳帳制	37
プラン・コンタブル・ジェネラル	106
ブロックチェーン	194
分割仕訳帳制	36
平均之改	23
簿記一巡の手続	61
補助記入帳	36, 47
補助仕訳帳	107
補助簿	35, 47, 93
補助元帳	38, 47, 49, 76, 107, 128
本式	8

ま

元帳	93

ら

略式	8

わ

割引手形有高帳	173

【編著者紹介】

原　俊雄（はら　としお）

横浜国立大学大学院国際社会科学研究院教授

1966年生まれ。1989年横浜国立大学経営学部卒業。1991年横浜国立大学大学院経営学研究科修士課程修了，1994年一橋大学大学院商学研究科博士後期課程単位修得退学。文教大学情報学部講師，横浜国立大学経営学部助教授，教授を経て2013年より現職。会計検査院特別研究官（2004-2006年），カーディフ・ビジネス・スクール客員研究員（2011-2012年）を歴任。

＜主要業績＞

「横浜国立大学簿記CAIシステム」2005年日本簿記学会学会賞受賞（泉宏之氏，高橋賢氏と共同受賞）
『簿記テキスト（第5版）』共著，中央経済社，2010年
『テキスト会計学講義』編著，中央経済社，2018年　他多数

簿記と帳簿組織の機能——歴史的・国際的視点から

2019年3月30日　第1版第1刷発行

編著者	原　俊雄
発行者	山本　継
発行所	㈱中央経済社
発売元	㈱中央経済グループパブリッシング

〒101-0051　東京都千代田区神田神保町1-31-2
電話　03(3293)3371(編集代表)
　　　03(3293)3381(営業代表)
http://www.chuokeizai.co.jp/
印　刷／文唱堂印刷㈱
製　本／誠製本㈱

ⓒ 2019
Printed in Japan

＊頁の「欠落」や「順序違い」などがありましたらお取り替えいたしますので発売元までご送付ください。（送料小社負担）

ISBN978-4-502-29451-8　C3034

JCOPY〈出版者著作権管理機構委託出版物〉本書を無断で複写複製（コピー）することは，著作権法上の例外を除き，禁じられています。本書をコピーされる場合は事前に出版者著作権管理機構（JCOPY）の許諾を受けてください。
JCOPY〈http://www.jcopy.or.jp　eメール：info@jcopy.or.jp　電話：03-3513-6969〉

― ■おすすめします■ ―

学生・ビジネスマンに好評
■最新の会計諸法規を収録■

新版 会計法規集

中央経済社編

会計学の学習・受験や経理実務に役立つことを目的に，最新の会計諸法規と企業会計基準委員会等が公表した会計基準を完全収録した法規集です。

《主要内容》

会計諸基準編＝企業会計原則／外貨建取引等会計処理基準／連結CF計算書等作成基準／研究開発費等会計基準／税効果会計基準／減損会計基準／自己株式会計基準／1株当たり当期純利益会計基準／役員賞与会計基準／純資産会計基準／株主資本等変動計算書会計基準／事業分離等会計基準／ストック・オプション会計基準／棚卸資産会計基準／金融商品会計基準／関連当事者会計基準／四半期会計基準／リース会計基準／持分法会計基準／セグメント開示会計基準／資産除去債務会計基準／賃貸等不動産会計基準／企業結合会計基準／連結財務諸表会計基準／研究開発費等会計基準の一部改正／変更・誤謬の訂正会計基準／包括利益会計基準／退職給付会計基準／税効果会計基準の一部改正／収益認識基準／原価計算基準／監査基準／連続意見書　他

会　社　法　編＝会社法・施行令・施行規則／会社計算規則

金　商　法　編＝金融商品取引法・施行令／企業内容等開示府令／財務諸表等規則・ガイドライン／連結財務諸表規則・ガイドライン／四半期財務諸表等規則・ガイドライン／四半期連結財務諸表規則・ガイドライン　他

関 連 法 規 編＝税理士法／討議資料・財務会計の概念フレームワーク　他

― ■中央経済社■ ―